翻轉學

翻轉學

向日本股神學習影響一生的致富觀，
打通金錢通道的理財課

跟錢做朋友

村上世彰 著　楊孟芳 譯

いま君に伝えたいお金の話

目錄

第3章 讓你得到錢的方法

第4章 工作模式大變革

第5章 把錢存起來，讓財富增加

第6章 勇敢面對金錢的覺悟：當金錢變成凶器時

好評推薦

「透過此書淺顯而生動的指導，有助於人們擺脫被金錢愚弄的生活、提早活出自由豐盈的人生！」

——安納金，暢銷財經作家

「不懂理財投資沒關係，先跟『錢』好好做朋友！看完這本書，正是您與金錢好好相處的開始，接下來只要好好『實踐』書中正確的金錢觀念，一定能有極大的成長。」

——黃大塚，交易實戰家

「如何運用金錢來改善自己生活跟達成夢想，一直是我努力研究的課題。這本書對金錢在社會上的效用有非常深刻的見解，不要視『理財』為洪水猛獸，唯有跟錢好好相處，它們才會為你帶來更多的複利與實現財富自由的可能性！」

——竇可孟，省錢達人

推薦序
心，是最大的複利

——李雅雯（十方），暢銷理財作家

幾個月前，我有一位定居上海的朋友A，退休兩年，但受不了遛狗、買菜的閒日子，五十二歲，應聘到北京，重操舊業。

房子在上海，工作在北京，我們都以為，A會在北京租一套房或買一套房。沒想到，她人到北京，直接入住公司對面的酒店，週一到週五，每天步行上下班，週末一到，退房搭高鐵回上海，遛狗逛街——這等氣魄，讓我驚豔。

面對朋友圈的驚呼，A溫柔地解釋，她不是「對新工作沒有誠意」或「隨時準備離職」，而是因為酒店離公司近，附二十四小時管家、溫控游泳池、健身房、精緻早晚餐，還不用費心買家具、家電，讓她一開始快速投入新工作，心情飽滿、精力旺盛。A說，這種錢，最該花；因為，這錢花了，能賺回更多錢。

我邊聽，邊笑，邊暗自讚嘆：A住在酒店裡，用錢滋養精神、體力，讓自己身心飽滿，這種內在狀態，讓她一進入新工作，變得敏銳、平衡、積極、有彈性。

A讓錢「流動起來」，「如同山頂上的小溪流，匯入大海前變成大河川般」，她創造了內在幫浦（pump），打出源源不絕的財富；這是最會用錢的人，最懂得讓「用錢生錢」的人，才懂得的祕密，這也是村上世彰在本書裡，說出的祕密。

村上世彰跟A一樣，發現要讓錢流動起來，流向「心智」，才能創造更大的財富。所以，村上說，與其直接捐錢給慈善團體，維持「營運」，不如用錢「宣傳」慈善團體，讓更多人認識、認同，吸引更多人投入，做更大的事，這是村上的洞見，也是村上的智慧。**心，是最大的複利**。

《跟錢當朋友》是一本對金錢有洞見的書。我深受啟發，推薦給你。

前言
跟錢當朋友，錢就向你聚集

大家好！初次見面，我是村上世彰。

我的職業是「投資家」。所謂的投資家，工作是要讓財富增加。我比誰都清楚怎樣才能讓財富增加的運作機制，也就是說，我有自信比任何人都了解金錢，是金錢運用的專家。

這樣的我，寫這本書是有理由的。

「小孩不用管錢的事！」

有這種想法的大人還不少。

最好的證明，就是學校幾乎都沒有教授金錢的知識。雖然有國語、數學、自然及社會的課程，但學校大都沒有教孩子認識金錢。

我自己本身認為孩子學習金錢知識是件好事。長大後，為了生活每個人都必須接觸金錢，既然如此學習金錢就沒有過早這回事。還不如趁早培養孩子思考金錢的習慣，這樣可避免他們在金錢方面吃「不必要的苦」。

教我認識金錢的各種相關知識的，是我的父親。

我父親最常講的口頭禪是：「**錢其實很怕寂寞。**」即使成為理財專家已過了約二十年，至今仍會想起他的話，認為他講的話真有道理。

借用父親的解釋，他說**錢是個不喜獨處的傢伙**。錢喜歡去同伴聚集的地方，所以會從一個變成兩個，從兩個再變成三個……以此類推，一旦同伴的數量開始增加，就會一口氣咚咚咚地增加，他這樣告訴我。

關於金錢這檔事，父親從我小時候就抱持著開放的態度，以非常淺顯易懂的方式教導我。

我自懂事開始，就是生活在這樣一個熟悉金錢的環境，等到十歲時，父親把我到大學畢業為止的零用錢，一口氣交給我，我用這筆錢做了我的第一筆股票投資。從那之後，我每天看《日經新聞》的報紙，閱讀刊載許多企業資訊的《四季報》，大量學習金錢及其流向的知識。對我來說，獲得金錢相關的新知、思考金錢與社會之間的關係是件十分快樂的事，到我大學畢業時，我已經很擅長「理財」了。也因當時是經濟快速起飛的年代，持續投資的我在大學畢業時所累積的財富，與十歲時相比增加了約百倍。自己學習、思考，然後付諸行動投資，帶來的結果是財富增加，就像是猜謎猜中正確答案一樣地開心。

托父親的福，我從很小的時候就開始學習接觸金錢，再加上自己努力學習的結果，我認為我跟金錢建立了不錯的關係。

我很愛錢，因為錢可以給我自由，讓我做我想做的事。

妥善運用金錢的話，金錢能幫助你變幸福，甚至能讓你協助周圍的人，使這個世界成為一個更美好的地方。

我運用我最愛的錢，從事投資家的工作。我的工作是為有理想但資金短缺的個人及企業提供資金協助。這個世界上，除了我以外還有很多「投資家」，幫助他人的夢想成形，讓企業得以繼續經營事業。雖然「投資」不見得總能帶來讓世界更美好的結果，但從事投資家這一行，我強烈感受到金錢具有影響周遭，讓社會變得更豐碩美好的力量。

想要使社會變得豐碩美好，讓金錢在社會中流動循環就相當重要，不可以去停止「金流」的腳步。我之後還會詳述，我想要傳授給大家的是「**賺錢存錢，運用增值**」的理財之道。增加了的錢要再持續運用，所謂的「運用」，是指為了自己的幸福去用錢，或為了增加財富去投資，讓錢從自己手頭離開。把賺到的錢全都緊緊抓在手上，就等於是停止了「金流」。

或許有人會對高喊「我愛錢！」這件事大皺眉頭，可是當你們領到紅包、拿到零用錢時，是不是都覺得「太棒了」而開心不已呢？想著要拿領到的錢去購買什麼、當中有多少要存下來……而興奮得不得了。對於錢的感覺，我認為很重要。

無論是誰，要生存下去都一定需要錢，沒有錢就活不下去。錢是生存不可或缺的「工具」，若能妥善運用，可讓連同自己在內的所有人都開心、喜悅及幸福。

既然錢是生存不可或缺的工具，那我想要好好地與它共處。可能的話，我想要一直保持著「能用這個工具做什麼呢？」開心興奮的心情去與它為伍。為此，也需要好好認識理解這項工具，盡早接觸習慣，學習其運用之法。

在進一步討論「錢」之前，有一件事我希望你們謹記在心。那就是，錢有時會變成凶器。既然是「工具」，用法一旦出了差錯，就會變成傷害自己及周遭的人的凶器。

跟人借的錢，很容易就變成「凶器」，這一點希望大家不要忘記。

我非常討厭跟人借錢，理由很簡單，因為不論有任何理由都一定要還。跟人借了可能還不了的錢，卻要一直想著非還不可，是非常痛苦的。且萬一發生意料之外的事，該還的錢變得還不了時，錢就會變成凶器，不只是你自己而已，周遭的人也會受到傷害。

我知道很多人因為錢獲得幸福，但也知道很多人，他們有的人生發生巨變；有的原本很富裕，卻因運用方法出錯而把自己跟周遭的人弄得遍體麟傷；有的甚至打擊太大，跌倒後無法再次站起。

在看過這麼多的例子後，我認為趁早學習、熟悉「金錢」的人較會理財，多少可過著不被金錢愚弄的生活。

因此本書從根本的「金錢是什麼？」談起，到賺錢術、用錢法等各種與金錢的相處之道，甚至會涉及金錢所擁有的力量。錢的用法分成「為了自己的幸福而用」及「用於造福社會及他人」兩點來介紹。「用於造福社會及他人」不是件簡單的事，是滿足自己生活所需之後的下一步。我自身發現積極地將錢用於造福社會及他人的美好及意義，其實是在四十歲以後。可是我總是想，若有機緣讓我更早知道錢能這樣用就好了。所以，我希望你們能盡早知道錢也有這樣的用法，才寫了這個部分。我期許本書能成為一個契機，幫你善用金錢，獲得美滿人生。

前文提過，很可惜現在的人沒有從小接受「金錢教育」的機會，我能變得善於理財是托父親的福，從小他就抱持著開放的態度，不避諱地跟我談「錢」，傳授我金錢相關的各種知識，給了我許多思考及學習的機會。我看到現今的日本不經有一股危機感，深感「大家若不變得更善於理財，這個國家鐵定會完蛋！」因此，我想將父親教我的事、及我自己成為金錢專家後學到的事，傳授給孩子。讓這些撐起國家未來的主人翁，即使多一個也好，能變得喜愛「金錢」、善於理財。我相信每一個人意識的變化，終有一天會讓這個世界產生重大的改變。

本書是將我到目前為止去幾所院校教授「理財課」的內容中，挑選出真正想要傳達的金錢觀歸納而成。

希望本書能幫助大家創造更理想的人生、更美好的社會。

第1章

金錢是什麼？：了解金錢，變得會理財吧！

01 只是工具，談錢不會充滿銅臭味

當聽到「錢」這個字的時候，各位會想到什麼呢？

- 有錢人？
- 賺錢？
- 大把鈔票？
- 市儈？銅臭味？
- 名牌精品？

●還是幸福？不幸？

在某所學校教書時，有個孩子這樣問我：

「如果有個世界沒有錢的存在，我覺得那個世界比較好。因為人會因為錢起爭執、做壞事。只要錢不存在，這些壞事應該就都不會發生了吧？」

當時我聽了，愣了一下。她聽到錢，竟是一股「邪惡」的印象……。

的確有因錢而起紛爭的情況，但說到底**金錢本身並無善惡之別，邪惡的並不是錢本身**，我認為必須先解開這個誤會。

所以接下來，我開始對她這樣說。

「話說從前，錢到底是為何出現？且是什麼時候出現的呢？」

錢並不是自然界原始存在的事物。

是人類發明的產物。

很久以前，當人們還在以物易物的時候，A先生有山豬肉，B先生有魚肉，若A先生想要魚肉，B先生想要山豬肉的話，他們彼此交換就可以了。但萬一A先生想要魚肉，而B先生卻想要豆子呢？據說就是在這樣無法單純以物易物時，「金錢」的原型誕生了（關於金錢的起源，有諸多學說）。

比方說，在古代中國據傳曾使用過貝殼。或許A先生用三塊貝殼買了B先生的魚，而B先生則可能用那些貝殼買到了豆子。

像這樣利用「金錢」這項工具中介，而使物品的買賣變得方便。人們衡量物品價值的基準也因此訂立。此外，還變得可以不去使用，將「金錢」存下來。由於「金錢」的誕生，物品的買賣變得可在多人之間複雜地進行，交易數量爆炸性增加，社會變得豐饒富裕。

金錢具有三項功能！

① 可和其他物品交換
② 可衡量價值
③ 可儲蓄

我想要豆子，
不想要肉。
這時有錢的存在，
真的很方便耶！

總結來說，**金錢具有三項功能：「和其他物品交換」的功能、了解物品貴廉「衡量價值」的功能、可以「儲蓄」的功能**。

我想跟問我問題的女孩講的是，「金錢」只不過是具有這些功能的便利工具，僅僅如此而已。「金錢」本身無關善惡，若問題是因金錢而起，那也不是「金錢」本身有問題，而是運用金錢者和其運用方法有問題。

的確，與「金錢」相關的紛爭到處都是。可是這並不是「金錢」作惡的關係，而是被金錢的力量所蠱惑的人們任意相爭作惡的關係。

可惜的是，現在對「金錢等同骯髒」、「金錢等於邪惡」的感覺根深柢固。將賺大錢認為是「邪惡的事」般報導的媒體，也不在少數。我自己本身成為被批判的箭靶時，即使到現在，我依然覺得很莫名其妙。「原來金錢給人的印象竟是如此邪惡？」

或許藉由認定「金錢等於骯髒」，能讓金錢不變成衡量幸福的一項標準。可究竟為什麼人會覺得錢很骯髒呢？這似乎有其歷史淵源。因為有各種非常有趣的說法，請大家務必查查看。

就我來看，「金錢等同骯髒」、「金錢等於邪惡」的想法，根本的原因是不了解金錢的本質所造成的。金錢不過是一項工具。只要了解這一點，應該就不會無端地討厭錢，認為錢很骯髒。

02 金錢的形式與時俱進

回到原本的話題，讓我們再繼續討論金錢形式隨時代而變化的這件事。經過把石頭跟貝殼當作錢來用的時代後，不久就產生了金錢、銀錢及銅錢，而後紙鈔也接著誕生。

現在說到錢，有一元硬幣、五元硬幣、十元硬幣、百元紙鈔、千元紙鈔等。以千元紙鈔為例，你知道製造成本是多少嗎？不過十幾元，說穿了不過是張紙片而已。可是寫著一千元的這張紙，在國內不管去到哪裡，都可以和價值千元的物品或服務做交換。

那麼，若是你在紙上寫上一千元拿到商店裡去，又會如何呢？為什麼同樣是寫著一千元的紙，你的紙卻不能使用呢？

寫著一千元的這張特殊的紙，不管去哪裡都有一千元的價值，是因為中央銀行保證它的價值。而即使你在紙上寫上一千元，也不能跟一千元的商品做等值交換，是因為這張紙不受中央銀行保證的關係。中央銀行保證的這張紙上有很多精密的機制，讓人無法輕易偽造。受到完整保障的這張特別的「紙片」，就是紙鈔。只有紙鈔，才能拿到哪裡都具有一千元的價值。

各國都有各自的中央銀行，美國的中央銀行保證美元的價值，韓國的中央銀行保證韓圜的價值。基於對該國家的「信賴」，日元、美元及韓圜的價值才得以確保。

然而，一千元具有一千元的價值，僅限於在國內使用的情形。中央銀行能保證它有千元價值的範圍，只限於國內。若你想要在美國使用這一千元，你必須先把這一千元兌換成美元。有趣的是金錢本身也具有價格，這就是所謂的「匯率」。這個匯率會因為世界各國的信用等級、彼此的角力關係等各種因素而每日變動。因此，會出現昨天明明可用一百一十日元買到一美元，但今天卻要付一百一十二日元才能買到一美元的情況，所以你的一千日元可兌換成九．〇九美元或八．九三美元是不一定的。即使同樣持有一千日元，今天可買九美元的書，到了明天就買不了。現在隨著網路的發展，物與人跨國移動的速度是以往無法比擬的。所以，在思考「金錢」時，知道自己的千元日元的價值，在全球是每日變動的，也很重要。

最近有新的錢幣誕生，那就是虛擬貨幣，其中最有名的是比特幣。它跟以往的錢幣最大的不同，是它不是硬幣或紙鈔這樣的實體「貨幣」。而且，也沒有受到任何國家的保證。這實在非常有趣，就像是你在紙片上寫上一千元，由某個人幫忙保證，然後就變得真的可以使用了。現在的虛擬貨幣機制，是由新的網路技術區塊鏈（blockchain），取代各國的中央銀行來保證其價值。

1 美元 =110 日元，
只要有 1,000 日元（≒ 9.09 美元），
就可以買 9 美元的書！

但 1 美元 =112 日元時，
就算有 1,000 日元（≒ 8.93 美元），
也沒法買 9 美元的書！

在現階段，虛擬貨幣是否真的會在我們生活中扎根仍是未知數，即便如此，就像從石頭演變成貝殼，再從貝殼進化到硬幣，隨著時代不斷變化形態般，今後也會有各式各樣的錢幣登場吧！譬如像電子貨幣既不是硬幣也不是紙鈔，這種沒有實體的錢幣已然出現。

今後，金錢的形式會持續變化，變得更易使用、更方便吧！可是不管形式再變化，金錢是我們生活的一種工具這件事，其本質並沒有改變。

03 錢是社會的血液，攸關經濟好壞

金錢是一項工具，也扮演著人體內血液般的角色。健康的身體，需要有充分的血液在全身循環遞送養分及必要成分。相對地，也必須去除不要的廢物，讓每一個細胞都能維持在健康的狀態。一旦血液不足無法充分在體內循環，就會陷入必要養分無法抵達需要之處，不要的廢物也無法排除的狀態，造成身體狀況變差。金錢和社會的關係亦是如此，**當扮演社會血液的金錢流動變差，社會也就會失去健康。**

我認為現在的日本，跟血液循環不良的身體是處於同樣的狀態。明明扮演血液的金錢在國內很多，卻沒有良好流動循環。

大家覺得日本人到底擁有多少財富呢?其實金額多到嚇人。

根據各家庭及個人持有財富的統計,日本人全體共持有超過一千八百兆日元的財富(「家計的金融資產」二〇一七年調查結果)。我說一千八百兆日元,這個數字或許大到大家無法理解。日本的國家政府預算大約是一百兆日元,也就是說日本人全體擁有其約十八倍的財富。*

這等於是說,把錢分配給住在日本的從嬰兒到老年人的全體國民(一億兩千七百萬人)一人一千萬元,都還有剩的意思。大家聽了不覺得驚人嗎?

可究竟大家都把錢藏在哪裡呢?雖說「日本人愛存錢」是世界有名,但這一千八百兆日元中竟有一半都存在銀行。海外資產的部分,一般來說比起存在銀行,選擇投資股票活用資產的比例較高。至於把所持有的錢,全都存在銀行會造成什麼問題?這點之後會詳細說明,現在請大家先記得「大多人把錢存在身邊」這件事。

不只是家庭財政,企業也是同樣的狀況。日本企業把應該用來發展事業、雇用員工的資金全都存起來。這個金額在二十幾年前是一百兆日元出頭，現在已經增加到超過四百兆日元的水準。

這二十幾年日本社會的情況差強人意的原因，就是出在這種「儲蓄」上。

如同血液循環全身讓人體保持健康，社會也要金錢流動才能維持健康狀態。話雖如此，不管是日本人或日本社會，比起運用金錢，更把儲蓄列為優先事項。若血液無法循環而大量儲存在某處的話，身體會變成什麼樣呢？只要稍微想像，我想大家馬上就能了解，現在的日本並非處於健康的狀態。

為什麼會發生這種狀況呢？因為看不見未來的方向、對未來感覺擔憂……。造成這種擔憂的原因，追根究柢還是由於錢沒有在社會中良好循環流動的關係。只要錢能流通到社會的各個角落，由於有架設好安全網的緣故，就不需要因擔憂未來的

＊根據二〇一七年立法院預算中心報告，台灣超額儲蓄率高於日本、德國、南韓、中國與泰國。

生活而拚命「儲蓄」了。如此一來，金錢會匯集成更大的金流在社會中循環。

我並不是叫大家要把自己手頭的錢全部花掉，而是想要告訴大家，金錢應該要拿去運用增值，增值後仍要持續運用。

另一點希望大家知道的是，雖然所有日本人都努力儲蓄，但另一方面日本政府每年卻稱維持國家運作的資金不足，增加名為「赤字國債」的負債，其金額竟然超過一千兆日元。國家以向國民徵收的「稅金」為大宗收入，人民消費時要繳稅，工作有了收入要繳稅，企業賺了錢也要繳稅。個人或企業都不過度儲蓄地去運用錢的話，錢就會流動起來，錢一流動起來，「稅金」就會因而產生，使得國家能運用的錢增加。而且國家所用的錢，本就該以「安心」、「安全」、「方便」等不同的面貌回到我們的日常生活，金錢就是這樣循環流動的。

然而，現在的日本雖然有很多財富，卻都沒有充分地流動，導致國家所能使用的資金不足，不夠的部分就只好去借款。你們不覺得這是很弔詭的一件事嗎？

04 與個人生活不可或缺的夥伴

我只有最低限度的存款。比起存款，我將讓錢循環流動列為優先事項。賺錢存錢運用增值，增值了再繼續投入運用，這個循環十分重要。

我從小就是個存錢魔人。

看著存摺上登錄的數字增加，讓人無法言喻地開心。因為我相信父親說的「錢其實很怕寂寞」這句話。

我常纏著父母要零用錢，但從未想用那些錢去買什麼東西。一領到錢就馬上存起來。

「錢越多就能聚集更多的錢」，因為我想親眼見證父親的教誨，所以我抱持著一股實驗的心情在存錢。後來由於我開始投資，最終我的資產大增，就像父親說過的一樣。「錢其實很怕寂寞」，這句話是真的！現在想一想看著存摺傻笑的我，其實就是一個怪小孩。對我而言，金錢是從小就在身邊的「夥伴」，不可或缺的、令人著迷的存在。

可不是只有我一個人這樣，即使你們沒有像我這樣自小就對錢感興趣，但錢可是打從你們出生開始，就一直是你們的夥伴，是想甩也甩不掉的存在。

為什麼錢是甩也甩不掉的存在？是如此重要？我想大家只要看看周遭，馬上就能明白。**你周遭所有的事物，全都是用錢換來的。我們的生活無法和錢做切割。**

關於「金錢」，首先我有四項重點，希望大家謹記在心。

1.「獨立生活，絕對要有錢」，這是最重要的一點；
2.「要做想做的事，最好有閒錢」；
3.「幫你度過難關」；
4.「更能幫助需要的人」。

這也是你開始賺錢以後，應該依循的步驟。我依序說明。

獨立生活，絕對要有錢

人要活下去，就會花費各種錢。我希望你可以好好看看你家、你的房間四處。房間本身也是一樣，房間裡所有的東西，沒有一個不需要花錢。就連去學校，為了上學所穿的制服、洗臉所用的水，全都要花錢。小時候有人照顧你，但長大以後這些全都得由自己負擔。租房子、買食物、付手機費、繳瓦斯水電費……這些支出，全都必須要用你自己賺的錢去支付。如果你沒有維持日常生活最低限度的錢，就必須依靠他人活下去。可是，你的周遭不見得有人可以讓你靠，且為了自己的自由，至少要有可支撐自己食衣住行的錢，這點非常重要。

要做想做的事，最好有閒錢

除了維持日常生活所需最低限度的錢外，給心靈提供養分的錢也很重要。跟朋友出去玩的錢、聽喜歡的歌手演唱會的錢、買想買的東西的錢……有這些錢，你的生活就能豐富許多。有可以自由用在看書看電影等自己的興趣上的錢，可以去沒去過的地方，看沒看過的事物，或為了實現夢想去進修，可以做到這樣的話，人生會更加豐富充實。甚至連時間也可以買，當然還可以為了自己的未來存錢。

有為了自己、為了自己的將來可自由支配的錢。

這一點對維持身心健康，相當重要。

幫你度過難關

除了用錢讓生活變得開心外，剩下來的錢的一部分，要一點一點地存下來。因為這樣一來，當人生發生意料之外的事時，這些「錢」能夠幫助你。譬如因受傷長時間無法工作沒有收入時或失去工作的時候，若你有預先存錢，你就可以用這筆錢來應變。萬一你沒有緊急準備金，當發生什麼事的時候，你的生活就會無法維繫下去。當非預期的情況或意外的壞事發生時，金錢具有緩和那些傷害的力量。

那要存多少才夠呢？這個數字會因年齡而異，如果你還年輕的話，就想一個即使你沒有收入，也可以活個一兩年的數字。

更能幫助需要的人

最後，是一個很美好的用錢法。只要你有錢，就能夠幫助人。這點對於守護自己的親人或幫助世界變得美好，都非常重要。當然你必須要先顧好自己的生活，可當你們學會為一己之幸善用金錢後，我希望你知道下一步是要「將錢用於造福社會及他人」。為什麼呢？因為我認為將錢用於造福人人，其實才是最幸福的。關於這一點，後文我還會再詳細說明。

- 獨立生活，絕對要有錢
- 要做想做的事，最好有閒錢
- 錢能幫你度過難關
- 只要你有錢，就能幫助人

05 不做錢奴隸，必學之事

金錢可以帶給人自由及各種可能。

金錢是求生存不可或缺的重要事物，會大大影響一個人的生存之道。正因如此，請大家勿忘金錢擁有可怕的魔力。要和錢相處愉快，要先知道對手的真面目。不論優點或缺點，一律平等看待。不了解金錢而長大的人，很快就會被金錢的魔力所奴役。

有很多錢的人，是不是看起來比沒有錢的人了不起呢？

高價商品，有沒有看起來比廉價商品更好呢？

你是不是覺得高薪的工作比低薪的工作棒呢？

倘若你心有戚戚焉的話，就代表你已被金錢的魔力所迷惑了。

不看事物的本質，單憑「價格」來判斷事物及其價值，你的生活方式就會被金錢所束縛住。不論是什麼都覺得貴的較好、能多賺一點是一點，變得一味追著錢跑，因為價格跟收入都是只有較高沒有最高，你的人生等於變成一場沒有終點的馬拉松。金錢固然重要，然而終究不過是為了實現豐實人生的一項工具而已。倘若將「金錢」本身誤認為人生目的與所有事物的標準的話，那根本是本末倒置！

那要怎麼做才能不被金錢所束縛？過著不被金錢奴役的人生呢？

為了達到這個理想，你必須在自己心中設立一套與金錢無關的標準。**只要你心中有金錢以外的「一把尺」，你就不會被金錢的魔力所惑**。那一把尺是衡量屬於你的「幸福」標準。人生過得「幸福」，比什麼都重要。而且幸福的標準與形式，是因人而異的。有很多人擁有再多錢也不幸福，也有很多人沒什麼錢卻很幸福。只要你「幸福的標準」堅定不疑，金錢就會支援你的「幸福」。相反地，你有再多的錢，但你自己本身沒有一套「幸福的標準」，金錢就無法發揮它的力量。「幸福」不是依金錢的數量而定，而是看你怎麼運用而定的。

為了變得會妥善運用金錢，我想要跟大家講：「請變成擅長理財的人」。要變得善於理財，換句話說就是要擅長數字，要「**以數字來理解事物**」。金錢是其中最基本的，總是從數字開始，並以數字結束。

在下一章我會詳細介紹，我最初對錢感到興趣的契機，是從寫著數字的價標開始的。在我們生活周遭的所有事物，都標有數字，也就是價格。這個價格，是表示我們要花多少的錢才能獲得商品的「數字」。而且，這個「數字」跟世界上所有物

GDP
スーパー

品、事件、狀況都連結在一起。從國家人口、面積、GDP（國內生產毛額）、考慮投資的企業業績、員工數到在超市所賣的食品價格，我掌握所有的數字。將這些數字在自己的腦海中連結起來，依自己的方式思考，就能看明白很多事物。

如果你能在腦中自在地操縱數字的話，思考金錢就會變得更有趣。這些「數字」是弄清楚世界運作機制的鑰匙。只要能弄明白這些，你就可以看清事物真正的價值及其對自己的意義。要學會妥善運用金錢，懂得「看清價值」尤其重要。

我小時候上課常因不抄筆記而被老師罵，可是算數、數學的科目，就算不抄筆記，我也能夠在腦中立刻完成大致的計算。你問我為什麼做得到？雖然部分原因是因為我擅長算數與數學，可是還不如說是我小時候跟家人玩的遊戲幫了我。那是一個不記筆記，要一邊用大腦記憶，一邊思考如何才能獲勝的遊戲。後文我也會介紹那個遊戲的內容。但在那之前，我們先踏出邁向善於理財的第一步，進入下一章一同來思考「商品的價格」吧！

第2章

金錢與世界的關係：從價標看世界

06 透過商品價格，了解錢與世界的關聯

在與金錢相關的眾多事物中，我最早感興趣的是商品的價格。

孩童時期，我非常喜歡去逛百貨公司。

因為百貨公司裡面有許多商品，且上面都有價標。當然我什麼都不會買，因為我對買東西不感興趣。對我而言，買東西這件事不會讓我感到「幸福」。

只不過一去到賣場，我就會開始觀察各種商品上的價格，這件事有意思到不行。

而且，也不限於百貨公司裡面的商品，我對於市面上所有商品的價格都很關注。

像是今天晚餐的魚一條多少錢？旁邊放的蘿蔔泥的蘿蔔一根多少錢……也不局

限在食物類，我們周遭幾乎所有東西，玩具及零食當然不在話下，穿的衣服和鞋子、帶去學校的書包、鉛筆盒、鉛筆及橡皮擦等，所有物品上面都有價格。

一開始只是單純覺得知道各種物品的價格，就好像是窺探到了這世界的祕密一樣，覺得興奮不已。不管看到什麼，就會去看、去問「這個多少錢？」、「那個多少錢？」

在抱持著這樣興奮的心情問大人們價格、或自己查價的過程中，我開始想知道這些價格是怎樣訂出來的呢？是誰在決定的呢？

比方說同樣是鉛筆，這隻鉛筆一隻三十元，另一隻卻要一百元，為什麼會差七十元呢？這個差異到底是為什麼？

就這點來看，我是個有點奇怪的孩子。

可是，**知道了商品的價格，你就能了解金錢與世界的種種**。

所有價格都與世界相連

大家想想看，世界上所有的物品都有價格，這不是一件很神奇的事嗎？就連好山好水，上面雖沒有看得到的價標，但依然是有價格的。而且，時常在變動。倘若商品的價格恆久不變，鉛筆永遠都是一百元的話，到處觀察價格這件事可能不太具有意義。

可是，同樣是鉛筆卻會因種類有各種價格，也會因購買地點不同而有差異，且會一直變動，所以這件事才有意思。價格和其他商品的價格也有密切的關聯。季節和氣候變化、工廠所在地、使用材質、人們關心注意的焦點、喜好的變化、當紅明星曾使用過……各種原因錯綜複雜。有的東西價格萬年不變，但也有東西價格天天變化。像這些事情背後都有原因存在，世界就是這樣運作的。

幸好我從孩童時期就對各種商品的價格有興趣，所以才能逐漸了解這些事。

商品的價格，並不是枯燥乏味的數字而已。

它是解開這個世界祕密的關鍵之一。**在跟人詢價和自己查價的過程中，你會隱約看到這個社會的各種機制**。對我而言，這是項有趣的「遊戲」，也是通往和金錢相處愉快的路徑。

07 為什麼不好吃的秋刀魚反而比較貴？

雖然我現在住在新加坡，但我每年都會回去日本幾次。只要有時間待在日本，我都會去東京的築地走走，那裡有非常大的批發市場。

或許有些人因社會課校外教學等曾去過，所謂的批發市場，簡單來說就是賣東西給供我們購物的魚店、蔬果店及超市的市場。各店的採購人員採買要在自己店裡賣的貨的市場，就是批發市場。

雖說像這樣的批發市場在日本各地到處都有，但築地的批發市場是眾多批發市場中規模最大的。以交易額來說，別說是日本了，在全球也是最大規模，匯集了全球各地以各種海產與蔬菜為主的食品，是最適合掌握商品價格的地方。

比如二〇一七年的秋季，秋刀魚不僅賣的量少，店裡擺放的秋刀魚也都很瘦小。在那前一年，則較常看到吃了很多飼料、長得飽滿肥美的秋刀魚。

接下來的，才是重點。

二〇一七年瘦巴巴看起來不怎麼美味，擺在築地市場批發的秋刀魚，價格竟比往年都還要高出許多。我走訪了好幾處東京都內超市生鮮區看了看價格，往年當季一條魚一百日元就買得到，然而至少在我所見之處，那年大概一條都要兩百到三百元左右。

儘管如此，因為我太愛吃秋刀魚，且只有回到日本時才吃得到，無奈只好買這個又瘦又貴的秋刀魚，自己烤來吃。果然，吃起來味道不怎麼樣。

你們不覺得奇怪嗎？為什麼二〇一七年的秋刀魚比起往年又瘦又不好吃，價格卻比較高？平常飽滿肥美的秋刀魚只要一百元，二〇一七年瘦小不美味的秋刀魚卻要兩百到三百元呢？
你，知道原因嗎？

08 價格是如何決定的？

你有答案了嗎？我要發表正確答案了，還沒想到答案的人，可以邊讀邊想。

答案是這樣的，二〇一七年秋刀魚又瘦又不美味但價格卻比往年高，是因為那年秋刀魚的漁獲量較少。

或許是因為秋刀魚吃的小蝦數量那年特別少，或是因為海水溫度上升導致來到日本近海的秋刀魚數量減少，又或許是因為人類長年過度捕撈秋刀魚的緣故，各種原因都有可能。

接下來是不美味的原因。這不僅適用於秋刀魚，也適用於其他海產甚至農作物，取自大自然的產物大都是共通的。欠收（漁獲量或農作物收成少）的年份，會因為魚類或農作物發育不良，導致味道也跟著變差。

雖然決定價格的機制有好幾個，但特別重要的是需求與供應的關係。

所謂的需求，是指對某樣物品的欲求。以秋刀魚來說，想買秋刀魚的人有多少是需求，而市面上有多少秋刀魚在賣則是供給。

因為在日本有很多像我這樣喜歡吃秋刀魚的人，所以進入可以捕獲秋刀魚的秋季時，大家紛紛都會開始想吃秋刀魚。一到秋季，漁夫們就會將游到日本近海的秋刀魚捕撈起來送到市場上。有多少人想吃秋刀魚？捕到的秋刀魚數量又有多少？以此來決定秋刀魚的供需關係。

如果秋刀魚豐收，供給量能充分滿足需求量的話，秋刀魚價格就會變便宜。只要市場上有很多的秋刀魚，買方會去尋找盡量便宜一點的秋刀魚，賣方則會因為不

一條100元
一條300元

算便宜就賣不出去而降價。

相對地，要是像二〇一七年秋刀魚的漁獲量不足，無法供給足夠的秋刀魚來滿足需求量的話，就連不美味的秋刀魚也會跟著變貴。因為不容易買到秋刀魚，所以就變成買方的競爭，價格也就水漲船高。

就像前文所寫，豐收的時候，秋刀魚也會因吃很多飼料而變得飽滿肥美，市場上大量出現這種秋刀魚所以價格便宜。欠收的時候，秋刀魚雖因飼料較少變得瘦小，但卻會因為數量少而價格變高。

這樣「數量少讓某樣商品的價格變貴」的情況，稱為稀有價值。並不限於秋刀魚，當供給追不上需求時，商品的價格就會上揚。量少這件事，就變成某項價值。

比起飽滿肥美的秋刀魚，瘦小不美味的秋刀魚價格較高的現象背後，隱藏著這樣的祕密。

這跟卡片蒐集遊戲數量少的角色的卡片，在網路上以驚人的天價販售，以及破舊的古書標價較高，是同樣的道理。

你從這件事學到了什麼？

我從這件事學到**商品的價格不見得全是依品質的高低而定**，雖然大家很容易誤以為價格較高的物品品質較好，但這是不正確的。

09 別被價格給騙了！

不只是美味而已，飽滿肥美的秋刀魚還含有很多的營養。這跟其他的魚類、蔬菜及水果都是一樣的。不管是魚、蔬菜或水果，當季在市場上量多時較好吃，營養也比較豐富，且這時價格也相對便宜。既然如此，盡量在當季時以合理的價格來品嚐，才是對的選擇。付了較多的錢，並不代表就能吃到美味且營養價格高的產品。不只是食物如此，什麼東西都是一樣的，**不是貴就是品質好**。

儘管如此，人們還是會產生一股錯覺，覺得貴的東西就好像具有什麼比較高的價值。這是金錢魔力所導致的錯誤，所以經常有商品一因稀有價值而變貴，價格就逐漸飆漲的事發生。有時視情況，甚至會出現讓人咋舌的天價。

一旦演變成這樣，有的人便會僅僅因為那莫名其妙的天價，而將商品視為珍寶愛惜得不得了。我認為，如果你是「無論花多少錢都要弄到手」的話，那這個東西不管多貴都具有意義。因為對你而言，那可能會變成真正的寶物。可是，明明不怎麼想要，卻因為「很貴所以一定很好」、「如果我有那麼貴的東西，大家一定會覺得我很厲害」等，像這樣單純僅因為「貴」而去買的話，我認為這是這個人沒有從小習慣與金錢相處而導致的結果。

在世界上，有很多我不認為它有那麼高的價值，價格卻貴得嚇人的商品。而且，也存在僅僅因為價格高，就誤以為很棒而去買的人們。他們被「價格」這個充其量不過是數字的東西給迷惑，而無法冷靜判斷對其自身來說，這項商品是否具有與價格相符的意義與價值存在。

老實說，我不由得覺得這樣做很浪費。我個人其實十分討厭浪費錢。

10 世界不斷變化，如何看清社會機制？

前文我解釋了價格之所以不是枯燥無味的數字，是因為那個數字具有很多的意義及存在的關係。

比方說，三百元的瘦巴巴秋刀魚、和一百元的肥美秋刀魚的價差是兩百元。用自己的腦袋去東想西想解開這件事，就等於是在思考金錢這檔事。這將有助於你了解世界的運作機制。你自己試一試的話就會知道，這樣做其實十分有趣。

重要的是，不管怎樣就是要先思考。

怎麼想都不懂的時候，可以去問一問熟知的人，或是自己調查也好。或許有些事是誰都不知道正確答案的，可是「努力思考屬於自己的答案」，才是與金錢相處愉快的祕訣。

而且，就算有人告訴我們答案，也要用自己的腦袋去追根究柢，想想「真的是這樣嗎？」、「答案只有一個嗎？」

在學習金錢的道路上，比起知道正確解答，培養總是這樣思考的習慣更為重要。

世界無時無刻都在變化，現在這一刻正確的答案，明天可能變得不正確，所以必須要持續思考。

我喜歡築地市場的原因，也就在此。食材是價格最易變化的東西，所以每次去的時候，價格都不一樣。築地這裡有無限多關於思考價格的材料。每天早上四點到六點鯛魚、鮪魚及海膽的價格，會以拍賣的方式來決定。在決定魚的價格的現場，可以實際透過自己的眼睛觀察（不限於築地，在各地都有批發市場，有興趣的話可以去看看）。

關於金錢你了解得越多，就越看得清這些社會的機制。

其中有讓你佩服不已的機制，相對地也有爛得驚人的機制。

世間萬物不見得全都是你可接受的形式或理想的狀態。許多事會讓你覺得其實要做出改變，大家才會過得更幸福，而為此感嘆不已。

儘管如此，首先還是請大家先從商品的價格，用自己的角度來了解社會的機制。

11 如何減少浪費錢？

我討厭浪費錢，不管怎樣就是討厭，討厭到周遭的人都覺得不可思議的地步。尤其對投資家來說，「金錢」是從事投資工作不可或缺的。就跟木工師傅的鐵鎚、廚師的料理器具等是一樣的。或許正因為我是投資家，才比一般人更討厭浪費錢這件事。

其實也不光是投資家這樣，我在成為投資家前，就已經很討厭浪費錢了。浪費錢就是一項「浪費」，這個對任何人而言都是一樣的。錢是為了實現幸福生活的一項工具，是不可或缺的。在金錢有限的狀況下，如何能盡量將多一點的錢運用在自己想做的事、覺得「幸福」的事上？為此如何減少錢的浪費？就是項很大的重點。這跟金額大小無關。即使是很貴的商品，只要價值和價格相符，且能夠幫助自己達成目的的話，那就不是在浪費錢。而不論是如何廉價的商品，縱使只要一塊錢，但只要價值和價格不相符，或是沒辦法幫助我們達成目的的話，那就是在浪費錢。

以秋刀魚為例，當你想要品嚐美味的秋刀魚時，一百元飽滿肥美的秋刀魚會讓你感到幸福吧？可是，欠收時超市所陳列的三百元不好吃的秋刀魚，並沒有辦法幫助你實現「品嚐到美味秋刀魚」的願望，那這三百元就是在浪費錢。當你看到價格，覺得為什麼今年的秋刀魚是三百元呢？如果你這麼想，那不要買才是正確的。

然而，對於像我這樣覺得「既然是秋天且平常吃不到，所以還是想要吃秋刀魚」的人來說，即使是三百元又不怎麼好吃的秋刀魚，也能帶給我「能吃到秋刀魚太好了！」的滿足感的話，那這三百元就不是浪費。即便大家花同樣的錢購買，但不見得對每個人來說都具有同樣的價值，也就是說不見得能讓每一個人都感覺幸福。**如果你把錢用在不能讓你感覺幸福的事物上，這樣的用錢法就是在浪費錢。**

要變得善於理財，就必須在日常的生活中，判斷每個金額對自己來說是否具有意義與價值。譬如說搭新幹線從東京到大阪時，我會買綠色車廂的票，雖然比普通車廂貴了五千日元，可是對我來說這筆錢並不浪費。因為我判斷在日常忙碌的生活中，不管我是要工作、思考或睡覺，在稍微寬敞些的綠色車廂度過的兩小時又幾十分鐘的移動時間，對我來說有五千日元以上的價值。可是對於「只要能到目的地就好」的人來說，這五千日元不過就是在浪費錢。

我坐飛機的時候，也會買較好位子的票。因為在飛機上的時間，既沒有電話騷擾，也不會有人來跟我說話，對我來說是我喜愛的「思考時間」。所謂的思考時間，對投資家來說是非常重要的一段時間。因為能在稍微寬敞又安靜的座位上，盡情思考想要思考的事情，所以為此所支付的差價，對我來說具有價格以上的價值。

不過我並不會想要去買私人飛機。有些人覺得擁有一架私人飛機，能獲得更多時間和空間上的自由。但我並不覺得購買私人飛機所得到的自由時間和空間，對我來說符合我所需要支付的金額。

我對於車子、手表或其他的名牌精品、高級品等，也是同樣的想法。老實講，我對名牌沒有興趣。我本身穿戴在身上或使用的物品，只要能具備必要的功能，自己用起來舒服的話，我覺得就夠了。

簡單來說，**花錢買東西、享受服務，是在拿錢與商品或服務做以物易物的交換**。而這個錢，是你工作勞動所得。當你要為了得到某項東西而付錢時，好好思考這是在跟你幾個小時的勞動做交換？是否真具有這個價值？是很重要的一件事。

12 價標和幸福的關係

擁有高價的物品，就等於是擁有社會地位，有人有這樣的想法。

當然好好打扮自己的外表、穿戴高品質的衣服配件，並不是件壞事。可是要為此去多支付不必要的錢，我認為這並不只是炫耀、滿足優越感這麼簡單。對我來說，**為了炫耀或者擁有優越感而去付錢，不管怎麼想都是在浪費錢。**

當然，這充其量不過是我個人的價值觀。

所謂的價值觀，是可以因人而異的。

我再重複一次，**所謂的善於理財，就是指在收入固定的狀況下，如何去減少對**

自己而言的浪費，又如何盡量將多點的錢用在自己的幸福上。

什麼對自己才是重要的？才是幸福的？倘若自己心裡沒有這把「尺」，就會被陸續上市、充滿魅力的「新商品」給迷惑，變成個單純被金錢所利用的存在。

去到百貨公司，你會不會覺得這個想要、那個也想要呢？可是再怎麼努力，也沒辦法把想要的東西全都買到手。而且，即便是你買到再怎麼棒的商品，等到新的商品出來了，你肯定又會想要新的了。

這種時候，你只能讓自己的心靜下來，好好看看價標。

請好好想想，這個價格真的符合自己所認為的價值與目的嗎？付出這個價格的錢，自己就能擁有等值的幸福嗎？

為什麼這個商品是這個價，那個商品又是那個價呢？為什麼這個商品比那個貴呢？為什麼自己想要這個商品呢？價格與自己所能獲得的幸福是否有取得平衡呢？

或許思考這些，會變得比購物更有趣也說不定。

13 透過猜餐費遊戲，提升理財能力

關於價格，你思考得越多，就能變得更善於理財。在這章我就想告訴大家這件事，才寫了這麼多。在最後，我想要分享一個可以幫助大家去親近價格的遊戲。我有四個小孩，這個遊戲是我和孩子們最近這十年常玩的遊戲。

遊戲的名稱是「猜猜餐費，謝謝款待」。

當你外出用餐要結帳時，每個參加者都要猜一猜餐費的總金額是多少，猜的金額離實際金額最近的人可以獲得獎金，是一個非常簡單的遊戲。可是這項遊戲牽涉到決定秋刀魚價格的供需機制、人們的喜好與季節、餐廳等級和服務品質等各種要素，能學到很多。

首先，進到餐廳後，你要看菜單，就算不是自己點的菜，也要盡量把價格背下來。同時，也要從自己的觀點去思考那些價格，這對於推測沒背到的餐點價格會有幫助。

然後在結帳前，大家猜拳決定順序，發表自己所猜測的餐點總金額。

這裡有一項必須遵守的規則。那就是自己所講的金額，跟說過的金額，必須要差距五百日元以上。

這究竟是怎麼一回事呢？假設你預測的金額是八千七百日元。前面的人已先說是八千日元。這樣一來你能講的金額，就必須要低於七千五百日元或高於八千五百日元。

這時，你既可以直接講八千七百日元，也可以講別的金額。

譬如你直接將你猜測的八千七百日元講出來的話，那下一個人就只能講七千五百日元以下或九千兩百日元以上。

此時，假設你講的金額是八千八百九十日元。如此一來，比你後面的人能講的金額就是七千五百日元以下或九千三百九十日元以上。

接下來是勝負關鍵。比起把心裡猜測的八千七百日元講出來，說八千九百九十九日元能讓後講的人離自己猜測的金額遠一點。假設正確答案是九千日元，當你講了八千七百日元時，倘若下一個人講的答案是九千兩百五十日元的話，那下一個人就贏了；你講八千九百九十九日元的話，那下一個人能講的金額就是七千五百日元以下或九千四百九十九日元以上，所以離九千日元較近的你會贏。

這個遊戲的有趣之處，在於首先你必須要將菜單上的價格記起來。你記下每一家餐廳菜單上的價格去做比較，就可以自己思考價格是如何決定的。其次，對於沒有背下來的餐點，你必須從其他菜單的訂價及食材價格來推測，可以培養考量各項要素來推測的能力。而且這項遊戲還有一個附帶的好處，就是你會去思考猜測金額

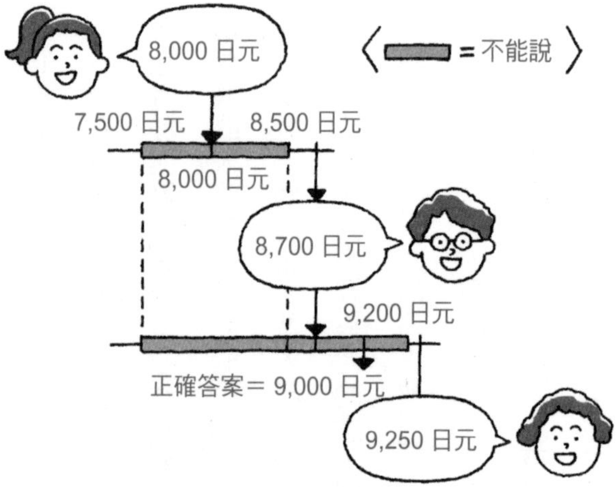
8,000 日元
〈▬ = 不能說〉
7,500 日元
8,500 日元
8,000 日元
8,700 日元
9,200 日元
正確答案＝ 9,000 日元
9,250 日元

8,000 日元
8,700 日元
9,250 日元

要講多少，才能提高自己獲勝的機率，有助於培養戰略性地思考的邏輯。

習慣與價格親近，思考餐點服務的品質與價格的關係。並且好好思考對自己來說，價格是否具有同等的價值。還可以和家人討論一同思考。這個遊戲是一項方法，可以讓全家人在一起開心玩樂的同時，一同接受訓練變得善於理財。且不限於外食，在超市買東西或平常購物時都可以用，請大家務必要找機會玩玩看（可以視全體價格來改變五百日元差額的規則，也可自行調整遊戲規則來享受遊戲樂趣）。

第3章

讓你得到錢的方法

14 做喜歡的工作賺錢

賺錢存錢，運用增值。財富增加後要再持續運用，我說過這個循環很重要，可是沒有錢的入口，就算有再多出口也沒意義。所謂錢的入口，指的就是賺錢。首先為了得到錢，必須要工作賺錢。當你還是個孩子時，不需要擔心這一點，但你長大以後，你穿的衣服、每天吃的食物、住的地方，全部都要靠自己賺的錢來支付。這就是所謂的自立。

那麼，要怎樣賺錢呢？也就是說，要做怎麼樣的工作呢？

社會上有許多的工作。

選擇有無限多，但不管你選擇哪一項工作，都會影響到你的生活方式。你自己的生活方式，自然也就和你的幸福有非常大的關係。

正因如此，我有兩個觀念想要傳達：

第一點是如果可能的話，把自己喜歡的事變成工作，人生才會變得有趣；另一點是你在思考工作的同時，不可以輕忽金錢的問題。

我手邊有一本有很多插畫、像是一本大辭典般厚的書。這本書是作家村上隆所寫的《新工作大未來：從十三歲開始迎向世界》，在前言有一段話：

我認為這個社會上只有兩種人（大人）。那並不是指「偉大的人和普通人」，也不是「有錢人和窮人」，也並非「壞人和好人」，更不是「聰明的人和愚蠢的人」。所謂的兩種人（大人），是指做自己喜歡的工作、適合的工作來賺取生活所需的人，以及並非這樣的人。並且，自己喜歡什麼？適合什麼？自己的才能在哪一方面？思考這些時的一項重要武器，是你的好奇心。當你失去你的好奇心時，你就連了解這個世界的能力一同失去了。這本書會介紹一些選項，幫助你將現有的好奇心、與未來的工作相連在一起。

15 「喜歡」對人有沒有助益？

這裡跟村上隆所寫的一樣，我也認為如果可能的話，希望各位能成為「做自己喜歡的工作、適合的工作來賺取生活所需的人」。為什麼呢？因為工作占了人生多數的時間。出社會以後，你要工作四十年或五十年，甚至是一輩子。若能做自己喜歡的工作，你會比較容易集中精神，也較容易全力以赴，就算辛苦也有拚勁。我自己本身喜歡金錢且擅長理財，再怎麼辛苦、遇到再困難的事情，我從來都沒有想過要換別的工作，總是全力以赴，從工作中感受到活著的價值。

《新工作大未來：從十三歲開始迎向世界》這本書，以「喜歡花與植物」、

「喜歡昆蟲」、「喜歡繪畫與設計」、「喜歡旅行」等各種喜歡為切入點，介紹了五百一十四種與這些喜歡相關的職業。翻一翻這本書，或許能夠找到將喜歡的事變成工作的提示。譬如像喜歡英文所以想成為英文老師，或也可以運用英文能力，目標成為外交官或國際機構的員工之類的，可以根據喜歡的事情來想想能做些什麼？喜歡遊戲所以想在遊戲公司工作、想成為電影導演、想成為運動選手、想成為畫家……我認為像這樣，想像一下未來的工作是很不錯的。

能不能把喜愛的事情變成工作？這個要依「對那個人是否有所助益」而定。工作跟以物易物也是一樣的。**要有某個人從你的工作中看到價值，你才能賺錢**。不論是你如何喜歡及擅長的事，若沒有某個人願意對其「支付金錢」，你就工作不成，也就賺不到錢。

請想一想如何才能把自己喜歡的事、擅長的事變成未來的工作？盡可能將時間多用在喜歡的事上，測試一下自己是否有喜歡到遇到痛苦或辛苦的事也能夠克服的程度、及對自己是否有所助益？努力到底，發現「不對」的時候，再去追求別的目標即可。

16 不論喜不喜歡，這樣做把工作變有趣

小時候對某件事堅持到底的經驗，對於未來不論你做什麼工作，都會有所幫助。當時的知識可能會派上用場，且更重要的是，你知道了專注所能帶來的快樂。

老實講，不論是什麼樣的工作，只要能認真專注去做都會變得有趣。因為專注的時候，人會將他的能力發揮到極限。能盡情發揮自己能力的這段時間，對任何人來說都是愉快的。

可以的話將自己喜歡的事、擅長的事情變成工作比較好，簡單來說就是因為容易進入前面所說的狀態的緣故。

另一方面，話說是不是所有人都能將喜歡的事變成工作呢？事實上也有一直找不到喜歡的事，而去選擇打從心底覺得無趣的工作的例子。要做自己不想做的工作的情形也很多。這時，在工作上比什麼都重要的是，能夠專注拚命到什麼程度。**不管你是喜歡或討厭，透過「拚命到底」的努力，就能在不知不覺之間把這份工作變得有趣，甚至讓它變成你人生的價值、一輩子的工作。**

在人生當中，對某件事全力以赴所學到的經驗，一定會以某種形式變成你開拓人生的力量。

17 為了自己喜歡的事而工作

在現實中，或許也有不論你多喜歡，也沒有辦法變成你的工作，或是不想要把它變成工作的情形。甚至有正因為喜歡，才不想把它變成工作的情形吧？假設有一個人非常喜歡旅行，覺得自由自在旅行很幸福。倘若這個人變成導遊或旅遊書作家的話，會發生什麼事呢？雖然可去旅行但不能照自己的步調走、或不想因採訪而去的地方也必須要去……那這個人所喜歡的「自由自在過生活」中最重要的部分肯定會消失，旅行等於幸福這件事就變得不成立了。

這種時候，為了能夠隨意旅行，平常從事別的工作是最好不過的。一年數次自由自在的旅行需要多少錢？能否請長假？符合這些條件的有哪些工作？在幾個選項中最能發揮自我價值的工作是哪一個？即使喜好跟工作不同，也要讓兩件事取得平衡，去實現自我的「幸福」。這本書想要傳達的是，「如何善用自己賺的錢去實現幸福人生」。因此，**不把自己喜歡的事變成工作，反而為了自己喜歡的事去工作，**也是個了不起的選擇。

事實上，代表日本參加奧運的選手，多數也都是「為了喜歡的事而工作」的人。在日本即使成為代表國家這樣等級的選手，想要不工作而活下去也是非常困難的。所以大多的運動選手都會在資助他的公司任職，和其他員工一起工作。

18 追求夢想錢更是重要

即使沒辦法一開始就將喜歡的事變成一份工作，也可以邊做其他工作賺取收入，邊朝著總有一天要把喜歡的事變成工作的夢想邁進，這樣做也行吧？我年輕時，不少人為了要成為演員而加入劇團。在紅起來以前，收入非常差。雖然勉強算是「演員」，但因為沒法只靠那份收入維生，大家都得兼差打工。

或許人只要有遠大的夢想，生活再困苦也能努力下去。可是，越是這種人，我越希望他們好好思考一下金錢的問題。有人說只要能做喜歡的事，沒有錢也沒關係，把話說得很輕鬆。我不打算從根本去否定這種想法。縱使沒有錢，只要能做喜歡的事，人生就足夠幸福，也是有這樣的人吧？如果你有賺不到錢的覺悟的話，我覺得那樣也行。

重要的是，你真的有做好覺悟嗎？若只是渾渾噩噩，覺得雖然因為這份工作賺不到錢很窮，但可以做喜歡的事過一輩子就算了，光只是這樣程度的想法是不行的。因為抱持著這樣渾渾噩噩的想法，絕對會連日子都過不下去，一直被金錢追趕、過著被金錢束縛的生活，就等同被金錢所奴役。

反過來說，就算是為了實現夢想，也必須要變得善於理財。收入少有收入少的辦法，想辦法用有限的錢餬口過日子。年輕時吃苦卻能實現夢想的人，大多數都是金錢感覺敏感的人。

我並不是叫大家不要選薪水少的工作，也不是在告訴大家選賺得多的工作比較好。即使賺得少也要做自己想做的工作的話，就要好好想想薪水大約少到什麼程度，是否足以讓自己餬口。想一下自己能賺多少錢，在這個限度內能住哪裡？過怎樣的生活？會不會麻煩到別人？……算一算這些考慮現實層面，儘管如此還是想選擇這樣的生活的話，那就代表你真的做好覺悟，我打從心底為追求夢想的人生加油。

19 到處都有「借錢機制」的陷阱

選擇什麼工作對你的人生有很大的影響，更是左右你人生幸福的重要大事。雖然我不否定逐夢的貧困生活，但我非常反對沒有覺悟就貿然去做這樣的事。

現在這個時代，只要動點腦筋，是有可能不花錢地過生活的。

倘若你真的有想實現的夢想，我希望你確實規劃好一張包含金錢計算在內的人生藍圖後，再去實現夢想，我不希望到後頭你才後悔「怎麼會是這樣？」

雖然離「賺錢」的主題有點離題，可是我想跟大家先講一些很現實的事情。

這社會上有一種機制，讓你即便沒有錢也有錢可用，跟自己賺錢不一樣，是另一種錢可以進來的入口，這種方法就叫做借錢。使用信用卡的話，就算你現在沒有錢也可以買東西。而且選擇分期付款的話，每個月的支付額就可以減少。當你正在為實現夢想而努力、收入很少時，或是快領錢了但目前手邊沒錢時……像這些時候有信用卡雖然很方便，可是不仔細思考就貿然使用是非常危險的。

生活越是拮据的人，就越要小心這個機制。因為就算沒有錢要進來的計畫，你也可以輕易使用信用卡。

前文曾經提到過，跟人借的錢是一定要還的，而且借的錢還要加上利息。比方說以一五％的利息跟人借一百萬元，一年後就需要還一百一十五萬元，等於不必要的支出多增加十五萬元。如果你是生活困頓而去借錢的情形，因為要還的錢比借的錢更多，那理所當然生活馬上就會維持不下去。

不管是哪個時代，社會上到處都充滿了借錢的機制。因為可以很簡單地借到錢，所以很多人不經思考就貿然去使用這個機制。然而借錢容易，還錢難。尤其是對於收入越少的人來說，還錢就更是難上天（這點在學習理財上是非常重要的課題，對於借錢的想法，我還會再做詳細的說明）。

如果你有收入少也要努力的覺悟，那就要好好思考前文所講的這件事。就算是為了實現夢想，也請你從正面好好面對金錢。

這是做為投資專家的我，給大家的建議。

盡量借！
借貸
借貸
快還錢！
本金＋利息

20 找到為何而活的人生使命

在本章最後，要跟大家談一下關於使命這件事。在工作上非常重要的一件事，就是你能否透過工作，找到你自身的使命。

拚命投入某樣工作，不知不覺中在自己的內心會產生一股使命感般的感覺。雖然難到不知道能不能堅持到底，但想要賭上自己的人生挑戰看看。沒有任何人可以替代，是你自己非做不可的事，這樣的事我稱為「使命」，也可以稱為人生的意義、天命或天職。**使命，會成為你的工作動力，甚至是人生價值。**即使是連自己喜歡或不喜歡都不曉得，機緣巧合而碰到的工作，只要你熱衷於工作拚命努力的話，實際上也有可能透過工作找到自己的使命。

透過工作遇見自己使命的人，是很幸福的。因為這跟能賺到的金額、「把喜歡的事變成工作的幸福感」，跟這些是完全不一樣的價值觀。不僅生活跟工作會變得超級有趣，也會變成你思考該如何過人生時的一項指針。

或許在你選擇工作以前，就已經透過自己喜愛的事或擅長的事，在很早的階段就遇見自己的使命。那麼，就去找可以達成那項使命的工作吧！人生在世，能夠明確找到「為何而活」的意義，是一件非常幸福的事。因此，我希望大家能夠盡早找到自己喜歡的事、擅長的事，努力去思考自己能做些什麼。

21 上學跟理財有什麼關係？

在學校教授「理財課」時，曾被問過這樣的問題。

「為什麼一定要念書呢？現在念的書真的有意義嗎？」

高中生可能腦海裡會浮現找工作的念頭吧？背歷史、學物理生物對找工作根本一點幫助也沒有吧？可能會有這樣的疑問吧？

我自己本身在國高中時，討厭上學討厭得不得了。「碟狀幼體、橫裂體」，我到現在還記得很清楚，這兩個詞代表水母生長的不同階段。當時一定得死背下來，可是背這些對我的人生到底有什麼意義？我不斷想了好幾百次。

雖然我是這樣，但現在如果有人再次問我：「上學有什麼意義？」我會叫他們應該要好好認真上課學習！

如果從小就已經找到喜歡的事，花很多時間在那件事的話，或許學校的課業就不是那麼重要。喜歡火車就多去研究火車；喜歡時尚就多去吸收時尚的知識。

重要的是，你有沒有熱衷於某件事努力吸收學習的經驗。

要去背不感興趣的事很困難，可是喜歡的事你馬上就記起來了，這樣的經驗人人都有。追求自己喜歡的事、做自己擅長的事，會讓人心情愉悅。這個快樂的心情，會成為各種行動的原動力。

儘管如此，我還是刻意回答「要好好認真上課學習」的理由，是因為**你不管將來往哪個方向發展，這些都會成為你的基礎**。在人生的路上，有時你可能會想要緊急變換方向，縱使你不變換方向，擁有寬廣的各項知識，對你的人生來說絕對不會是件沒意義的事。課本裡所寫的一句話，可能改變你的人生。而且對於那些還沒有

「啊！就是這個！」找到自己特別喜歡或擅長的事的經驗的人來說，學校的課業是通往各個世界的入口。我希望大家在孩童時期，能盡量試著站在每一個入口看看。即便是剛開始不感興趣的事物，也希望你能先稍微往入口裡窺探一下。能學到那麼多元、各種不同的知識的機會，只有孩童時期才有。等到你長大再回首來看，你會發現那裡充滿了許多人生的提示及學問知識。

首先，你要去試著關心世上的各種事物，窺探各個不同的世界，究竟自己對什麼會感到開心？對什麼有興趣？希望你去嘗試看看。然後在這個反覆的過程中，慢慢就能找到自己喜歡及擅長的事了。

第4章

工作模式大變革

22 工作模式的變革，理財變更重要

二〇一八年，在日本工作的人口約有六千六百萬人，其中的九成是隸屬於企業，每月領固定的薪資。

從收入面來想，領固定薪工作過日子，生活會比較穩定。薪水會以月薪的方式按月進來。在每個月收入的範圍內支付生活開銷，是每個人都在做的金錢管理。

過去，從學校畢業後就進到公司上班，在同一家公司待到退休，是一般的生活方式，且大多數的人都期望這種方式。每天穿著套裝搭固定的一班車去公司上班，工作結束後再坐車搖搖晃晃地晃回家，這樣的生活日復一日重複數十年。大部分的日本公司原則上都採用「終身雇用制」，只要自己不要辭職，就可以一直有穩定的收入直到退休，且薪水每年都有些許的調升，所以多數人都會選擇在公司上班。

我年輕時，流行一首歌〈咚咚節〉（ドント節），歌詞正巧反映了當時日本的工作模式：「上班族工作真輕鬆　就算喝到宿醉　就算睡到迷迷糊糊　只要卡給他打下去　就包準能勉強過關唷……」

或許大家聽了覺得意外，不過放眼世界，幾乎沒有任何國家是像日本這樣的。

而且這幾年，由於網路的快速發展，「工作模式」在全球都面臨重大變革。日本也開始在改變。首先，已經變成無論是誰都可以傳播資訊了。在網路上可以輕鬆地蒐集到任何資訊。因為透過網路相連，所以即便不在公司也可以工作，可以和世界各地的人，方便且即時地溝通交流。這樣的變化大大改變了工作的方式及選擇。把自己喜歡的事變成工作的機會、及為追求興趣而選擇工作模式的機會，都大幅增加了。

一旦進入公司，無論你喜不喜歡這份工作？擅長還是不擅長？每天只要安分地工作，到老死都不用擔心錢的問題，而這樣的時代已經結束了。或許有些人會為此感到擔憂。不過，換個角度來講，「做喜歡的事過喜歡的生活」、「工作不限於一份」、「可以擁有副業」，有更多人可以擁有這樣較自由的生活方式。

最具代表性的是，最近很熱門的「Youtuber 網紅」吧？有人只靠網紅這份職業賺取生活所需，有人一邊當上班族一邊兼差做網紅。網紅的收入靠有多少人觀看自己的影片來決定。不隸屬於任何組織，這樣「個人vs世界」的工作模式，今後可能會越來越普及。每月領固定薪水生活的情況，會逐漸改變吧？有時可以賺很多，有時卻幾乎賺不到錢。又或者是，一年裡一半的時間在工作，另一半的時間一直在旅行，這樣的事情也會增加。一旦變成這樣的情況，你不變得比以往更擅長理「財」，便無法擁有快樂的人生。

23 思考自己工作、薪水、能力的價值

在「工作模式」本身面臨大幅變動的情況下，終身雇用制在日本宣告結束，到公司上班的工作模式是主流的情況依舊沒有改變。可是，上班族已經沒有辦法像從前一樣，只要是同年代的人，大家都領同樣的薪水，且只要沒有大事發生每年薪水就能穩定調升……已經不是這樣一份「輕鬆的工作」了。日本的公司也和歐美的公司一樣，變得要靠能力和成果來決定薪水」，朝著這樣的方向改變。

工作成果越豐碩薪水越高，成果無法達到公司要求，就會面臨減薪甚至裁員。但從以物易物的角度來看，其實是理所當然的事。對於人們所提出的要求，獲取與

自己提供的價值相應的對價。這個對價時而增加時而減少是自然的現象，可以說過去的做法才是不正常的。

而且，在同一家公司待到退休的情況，恐怕也在逐漸變成非主流中。不斷跳槽到給予自己能力高評價的公司，透過累積工作經歷增加收入，才是理想的工作模式的時代來臨了。

到A公司上班工作熟練了之後，利用這個經驗跳槽到B公司，甚至換到C公司獲得更高的職位。又或者是選擇獨立門戶成為自由工作者、或創業擁有自己的一份事業。為達到這些目標，可能需要取得證照資格、或上大學及研究所重新進修。

以往公司有各項制度可保障員工的生活。然而，一旦進入換工作是理所當然的時代，要在怎樣的公司上班？怎樣的工作模式可獲取多少的收入？要採取怎樣的步驟往前邁進？辭掉工作後又會怎樣？必須經常思考這些問題，要不然吃虧的就是你自己。以前只要工作到退休，理所當然地可領到「退休金」及「年金」等退休生活用的資金，但今後會變得必須要自己設計人生藍圖，做金錢的生涯規劃吧？

不管是考量人生藍圖去找符合藍圖的工作，或把喜歡的事變成工作，重要的是要能冷靜地掌握住自己可提供的價值。為了誰能夠做什麼？在哪裡可以發揮所長？自己的價值能否獲得適當的對價？要好好地思考這些問題。自己以技術和能力提供給公司及社會的價值，與薪水經歷等這些自己透過工作所獲得的對價，這兩者是否有取得平衡？你必須經常去思考這個問題。

能守護你的生活的，只有你自己。並且，為了生活，金錢是絕對必要之物。

在過去的日本，對於面試時直接詢問薪資體系等金錢相關的問題，有一種忌諱的感覺。但今後這樣的情形也會改變吧？因為在同間公司工作，工作模式不同，收入也就不同這件事會變得普通。

在討論就業時，大家也會變得把談到錢這件事視為理所當然，這樣的時代正在來臨。我不希望你誤解一件事，要你好好談錢的事，並不是要你以薪資高低來決定工作。要你談錢的事，是要你看清這間公司是否對你的能力有給予正當的評價？自己的工作表現是否與薪資相符？以及從事這份工作能過怎麼樣的生活？與幸福是否能取得平衡？……

24　不當上班族的選項

前文我提到在日本工作的人有九成是上班族，是以領薪水的方式工作。那麼其餘的一成呢？那就是所謂的自營業，採取自己經營事業賺錢的工作模式。算起來在日本十個人裡約有一人，採取這種工作模式。

職業種類囊括各行各業，譬如街上的蔬果店、麵包店等很多都是自營業。美髮師、設計師、攝影師及漫畫家等，也幾乎都是自營業。農業、漁業及畜牧業等，真要數的話數不完。

和上班族最大的差別，是要具有一定的經驗和知識才能開始工作。比方說有要成為廚師和木工這樣獨當一面的專業人士，普通都要從學徒開始學習個幾年才能出師的職業；也有像系統工程師、程式設計師這樣能在公司工作幾年累積經驗的職業。另外，有的工作在累積經驗前，要先在大學或專科學習知識會較有利；而有的工作則一定要參加考試取得資格才能勝任。

就算是同樣的職業，也會因為個人的能力和工作方法不同，而收入天差地別，這是自營業的特徵。受雇的情形，不管是正職或打工都受最低薪資的保障，可是自營業並沒有這樣的保障。自營業是終極版的成果主義。選擇自營業自己一個人開始工作，工作順利的話，數十年後有可能成為大公司的老闆。當然，每個月無法賺取足夠的收入，再回鍋到公司當上班族或兼差工作，這也是很有可能的。

儘管如此，當你某天遇到讓你想要獨立門戶、盡情嘗試的工作時，仍然具有挑戰看看的價值。因為照自己的想法去挑戰，成果全都會直接回報到自己身上，那是一件非常有意思、且值得做的事。

25 自己創造新工作，也是選項

關於工作模式，在這裡想跟大家特別提到的是創業家。所謂創業，是指開創一份新的事業，創造之前沒有的新服務或商業模式。為了投入新事業而誕生的企業，則稱為新創企業。

譬如，大家應該都聽過蘋果公司的史蒂夫．賈伯斯及臉書的馬克．祖克柏、微軟的比爾．蓋茲的名字吧？他們都是推出前所未有的發明給社會，獲得極大成功的一群人。

以衡量公司價值的指標——市值來看，蘋果是全球首間超過一兆美元的企業，但剛開始其實只是間小公司。一開始是從史蒂夫・賈伯斯這個年輕人和朋友史蒂芬・沃茲尼克開始接案子幫人修正電腦遊戲迴路起步的。公司小到據說他們當時做的世界第一台個人電腦，從現在的水準來看像是玩具一般的「蘋果一號」，就是在賈伯斯自家的車庫誕生的。

臉書也是如此，是從馬克・祖克柏在大學時期發明的一項專門提供給校內學生的網路服務開始的，而如今市值在全球已名列前茅。

他們從零開始創造的公司，在短時間之內就成為全球數一數二的大企業。

如果和大家做相同的事，就只能得到和大家同樣的成果。這不是只是在說金錢的部分而已，還包括幸福感、喜悅、工作價值、成就感、受信賴的程度。若能比別人對社會更有貢獻、讓人們變得更幸福，就能比別人獲得更多的幸福。

賈伯斯和祖克柏這些獲得極大成功的一群人，總是和別人做不同的事，接受新的挑戰，創造之前沒有的發明，大大地改變社會。

創業蘊含著這些可能性。當然這不是輕易就能做到的事。最近在日本大概平均每年有十二到十三萬間新公司成立，這個數字不僅是用新創意去創業的數字。然而，有數據顯示，在日本國內能從投資家調到資金的新創企業，每年大約是一千間左右。比較這些數字後，大家可以發現，即使開了新公司，但要獲得投資家的援助是非常困難的，大部分的案子幾乎都以失敗告終。可以說賈伯斯和祖克柏，是當中的奇蹟。話雖如此，並不是說你就不能創造奇蹟。你是不是個能創造奇蹟的人？不試試看是不知道的。

26 實現創意的成功祕訣是什麼？

有很多連會不會成功都不知道的新創意的案子，送到身為投資家的我這邊來。因為要把創意化為具體的形式提供社會，這是需要資金的，而提供資金就是投資家的工作。

假設有一百個新創意的案子到我這邊來，能讓我有真正想投資的意願的，頂多一件甚至是零。老實說半件都沒有的情況比較多。或許我的看法過於嚴苛，而且我早已決定不要把錢投資在自己不懂的地方，因此我沒有投資的創意，而別人投資獲得成功的案子也是有的。

不管怎麼說，創業獲得成功並不是簡單的一件事。自己一個人的話還好說，但你必須為一起努力的夥伴的生活負責。若你是受雇者，當受不了工作時，你有辭職的選項，但一個經營者卻沒有這樣的選項。雖然可以讓公司倒閉結束一切，可是這個傷害的嚴重程度，是自己一個人辭去工作所無法比擬的。因為會連累信任自己一起工作的夥伴，有些情況，甚至會連累他們的家人都會一同受苦。

那麼要怎麼做，創業才會成功呢？

就算是賈伯斯和祖克柏，最初的出發點也都是創意。

「將價值數億元的電腦小型化，變成人人都可以使用的產品吧！」

「如果透過網路就能輕鬆地知道朋友的近況，應該很有趣吧？」

這些靈感創意，讓他們動起來。

我想你們在日常生活中，一定也有些靈感。像是大家感到困擾的狀況、或是這世上如果有就好了的事物，這些能不能自己創造或改變？未來若能變成這樣會很便利，若有這種服務生活會變舒適……我相信不管是誰，都應該有些這樣的靈感。

可是，實際上成功讓這些靈感成形的人，只有一小部分。而能夠把它變成事業持續下去的人，又是其中的更一小部分。因為在靈感創意和成功之間，有無數的現實阻礙擋在其中。

賈伯斯和祖克柏成功的祕訣，是他們為了實現創意，勇敢地面對現實，然後超越那些阻礙。為什麼他們沒有在中途放棄而最終成功了呢？因為他們有十足的信心，相信自己正在努力的事情，終有一天會對人們及社會有貢獻。我想他們把改變世界這件事，當作自己的使命，然後堅持努力下去，讓他們感覺到一股說不上來的快樂。並且，只有他們早已清楚地看見「願景」，那個超越阻礙後所開拓出來的新世界。

要找到人生使命是需要願景的。先前我提到過使命就像是天職，而所謂的願景則像是完成使命後的終點。要抵達終點自己應該做的事、及只有自己能做到的事是使命，使命和願景是一組的。有想要改變世界和社會成某個樣子的願景，而為了達成這個目標，自己能做的事則是使命。工作只是為了達成使命的手段之一，通往達成使命的道路不只一條，包含工作在內，一定有很多你能做的事。如果這條路行不通，就走走看別條路，別條路也行不通的話，就繞道試試看。像這樣願景和使命都很明確的話，就算在中途錯誤失敗，也不會在半路迷路。途中就算有再多辛苦的事情，也能努力堅持到最後。

27
募資變得比過去更容易

隨著科技的進步，就算規模不如賈伯斯和祖克柏，但想要藉由新的創意來創業，已然變得比過去簡單了。要開始一項新事業，比任何事都重要的是，你要找到讓創意成形的資金，還要找到能一起工作的夥伴。

若自己有資金是最好不過的，沒有資金只有很棒的創意的人，要靠創意去吸引資金，這是一件非常辛苦的事。假設你運氣很好，能夠遇到願意投資你的投資家，就有他願意為你出資的可能性。可是能夠走到這一步的，只有一小部分的人。大部分的人都沒錢、或是資金耗盡都還不能讓自己的創意成形，這就是現實。

但最近看到投資蘋果及亞馬遜的投資家成功，變得願意提供資金給開創新事業的人明顯增加。此外，還誕生了群眾募資的機制，因而要從以「投資」為業的人那裡募集資金，變得容易了。不用到投資家所在的世界另一端，在自家的電腦前，就能廣泛地從全球募集到資金，這樣的機制出現了。你腦海裡所浮現的創意，有機會可以接受全球的援助而具體成形。可能因此可讓某個人變幸福或可以幫助某個人。想到這些，你不覺得興奮嗎？

只要你的創意出類拔萃地優秀，且能想出一份支持你創意的周全事業計畫，要找到願意提供你資金的人，已經比以前容易得多。對於雖然有創意，可是沒資金讓創意成形的優秀的人才和公司來說，現在這樣充滿機會的時代，是前所未有的。

相對地，透過群眾募資，就算是非投資家的一般人，也能在自身允許的範圍內進行投資。對於自己有共鳴想援助的事業，就算是小額也能夠進行投資。看待那份事業的發展，就像是自己的事情一般。想到這點，不也讓人覺得興奮嗎？

然而，現實並非那麼容易。

募集不到資金而放棄、雖然募到資金但無法順利讓創意成形、雖然成形了但沒法在社會上普及……無法順利發展的情況是比較多的。可是，這些不試試看是不會知道的。所以我希望大家要先去理解，不會一帆風順的可能性較高，然後再去挑戰。與其不挑戰就投降放棄，寧可明知會失敗也要盡全力一戰。

藉由每一個人的失敗和成功的累積，世界會一點一點地改變。

因為所謂的創業就是創造出新工作，有新的工作產生，世界就會不斷變化發展。

新的創意改變世界，讓人們的生活變得更加豐富。

投資這份工作，就是使用金錢這項工具，來幫忙達成這些理想。

說不定，有一天我會成為最早投資諸位的投資家。我衷心期待那一天的來臨。

28 找到使命，不被ＡＩ取代

在世界面臨巨大改變的現在，很多人說因為ＡＩ的問世，以前人類做的很多工作都會被ＡＩ取代。實際上這樣的狀況在不久的未來的確會發生。正因如此，對於在未來的時代要做怎麼樣的工作？要採取怎麼樣的工作模式？必須想得比以往更多。只要怎樣做就會順利……這樣過去的理論早已過時不適用了。

那麼說到什麼才是重要的？你的課題就是要去認清自己。自己擅長什麼？做什麼事會覺得開心？做什麼事會更喜歡自己？做什麼事會對別人有幫助？做什麼才會感覺那是自己應達成的使命？……**徹底想想「自己想做什麼？可以做什麼？」找到**

不會被ＡＩ取代的「某件事」。我認為那些「只有人類才做得到的事」、「只有自己才做得到的事」會變得更重要。而且，在那些事情當中，一定有專屬於你的使命存在。

我在此分享一下我自己本身是怎麼找到自己的使命，還有這一路上是怎麼走過來的。選擇第一份工作的理由是什麼？如何找到自己的使命實現自立？還有現在是用什麼樣的心情在工作？關於工作、使命及生活意義，這些分享不曉得對大家有沒有參考價值，但就請大家把這些當作一個前輩的個人經驗來看看吧。

從小就愛錢的我，十歲時買的第一支股票，是父親在喝的三寶樂啤酒公司的股票。我每天都把報紙連角落都讀得很仔細，想著買怎樣的股票錢才會增加，做這些事讓我覺得開心得不得了。將來長大要成為投資家，在這時就已下定決心。

錢以外我還喜歡生物，國高中都參加生物研究社。並且大學選科系的時候，一開始是想進水產學院的。雖然有想成為投資家的想法，但不用把投資變成一份工作也可以持續投資，所以關於工作，我原本打算選擇喜愛的魚類研究工作。

結果，我卻進了法學院。

因為父親跟我說：「為了了解國家的一切，你要成為一個官員！」父親是一個出生在日本統治時期的台灣日本人，戰後被剝奪日本國籍，之後因為跟母親結婚才變回日本籍，因此父親對於日本這個國家，有著不同於一般的感情。

我照著父親的期許參加了國家公務員考試，進入通產省（現在稱經濟產業省）工作，當公務員當了十六年。制定好的法律讓社會變好，是政府主要的工作。我每天思考「日本該有的樣子是什麼樣子？」為了能接近那個理想的樣子，我拚命工作往前衝。在公家機關的工作刺激而有趣。雖然老是要遵循組織的規定和邏輯，無法接受的事情也很多，但這份工作是有意義的工作，我認識了很多人，也累積了很多經驗。其中一項工作，對我而言是個很大的轉機，那就是在日本負責宣導「Corporate Governance」觀念的工作。Corporate Governance，翻成中文叫做「企業治理」，公司的經營是否有好好地遵守規定？公司經營是否符合股東及與公司相關的所有人士的最大利益？其實就是監督機制。

我進入通產省時的日本經濟已快速起飛，然後在一九九〇年代初期面臨了「泡沫崩壞」。到昨天之前都還握在手上的資產，就像泡沫一樣一下子全都消失了。許多公司倒閉，到昨天為止還是大富豪的人破產了，支撐家庭經濟的父母失業了……日本突然進入非常糟糕的時代。看著自己國家老是無法從這樣的狀態走出來，我想要「讓日本再次恢復元氣」、「變回一個大家可放心挑戰各種事情的社會」。當我一直在思考「我能做什麼」、「我該做什麼」時，我接觸到了「企業治理」的觀念。我看到了一個願景，「企業治理」的觀念在日本社會普及後的樣子。

金錢在日本社會裡循環流動，大家都很有精神地工作，日本也充滿元氣。要實現這些目標，要讓經歷過泡沫崩壞、進入保守態勢的日本社會動起來才行。不改變這一點，一直這樣下去的話，日本將無法起死回生！從孩童時期就透過投資看過很多公司的我想：「我的話說不定做得到，不！這一定是只有我才做得到！」朝著「更柔軟靈活、每一個人都享有安全網保障的、有元氣的日本」的願景，我找到自身明確的使命。

「企業治理」是很久以前就已在歐美社會普及的觀念，日本則是最近才終於擬定好相關的政府方針，處於對上市企業來說重要性正逐漸擴張的階段。我在公家機關負責這項業務時，日本還處在就連上市公司的老闆，不知道「企業治理」的比知道的人還多的時代。因此做為一個公務員，我決定為了日本，要讓「企業治理」這個詞在國內被認知，而努力投入這項業務。不過，從結論而言，雖然嘗試過了各種挑戰，還是很難讓當時的企業開始行動。或許他們覺得就算不知道「企業治理」的觀念，還不是把公司經營得好好的就夠了。

「這樣下去，日本會漸漸落後各國的。」我為了完成這項使命，天天都在思考如何才能讓企業治理的觀念在日本普及。然後我開始思考，或許我不應該以第三人的立場來告訴企業他們應有的樣子，而是應該做為一個投資家、做為一個可以直接參與的股東來關切這件事，這樣企業才能較快注意到「企業治理」的重要性吧？我原本就是想著遲早要成為一個投資家過生活，現在被這個想法推了一把，所以我在四十歲前獨立門戶，設立了投資基金。

所謂的投資基金，是從大眾募集資金，並透過股票投資等方式來運用，以使該資金增加。我做為該項投資基金的負責人，擔任決定要投資多少和要投資什麼的基金管理人的職位。

這正是我從孩童時期就很擅長，也一直都很喜歡的事。當然這世上除了我以外，還有很多基金管理人，他們全都為了能讓募集到的資金增加，而拚命努力學習，每天進行股票的買賣。在眾多人之中，為了能讓投資人選擇我為「寄放錢的地方」，我必須證明我比其他基金管理人「更有能力讓財富增加」。

我雖然對於增加財富這件事很有把握，但是做為基金管理人展現給別人看，還沒有實際的成績。如此一來，便無法募集到為了設立基金所需的資金。所以我把我的理念：「為了要把日本變成一個更好的國家，想透過投資讓企業治理的觀念在日本普及。」傳達給大家。因為這既是我的使命，也是我想設立基金的理由。

企業治理的觀念普及後，什麼會變好呢？……我說過金錢等於是社會的血液，社會血液的循環會變好。前文我曾提到，日本社會沒有任何明確的理由，就過度儲蓄儲到超過必要的量，我認為這是一個很大的問題。因為本該流動的金錢，卻停滯在那邊。只要能改變這點，日本經濟一定會變得更好，從外國的角度來看，也會成為一個有魅力的國家。我一直都是這樣相信的。

對於這個問題有同感的人，會把錢交給我投資。一剛開始我募集到三十八億日元，因為運用得當所以逐漸增加。之後開始有人拜託我「希望把錢放到我的基金裡」，七年後，基金可運用的資產逼近五千億日元。基金管理地非常成功。可是，說到這七年之間，我成功地把日本改造成我想要的日本了嗎？答案是ＮＯ。因為內容有點艱澀，我在這裡無法敘述地很詳細，但我把這七年在自身的使命與基金的成功之間遇到的痛苦、及辭去基金管理人職務的理由，都寫在自己的另一本書《生涯投資家》裡了。

況且，我雖然辭去基金管理人的工作，但現在依然是投資家。一樣朝著達成「讓企業治理的觀念在日本普及」的任務，每天持續挑戰著。就像我說過達成使命的方法（工作）不只有一種，就算換了工作，願景和使命也未曾有過改變。擔任基金管理人時，因為從大眾募集大筆的資金，所以不容許有虧損。雖然想朝著達成使命更努力一些，但比起自己的目標，必須優先為把錢寄放到我基金裡的人著想，而有些事不得已必須要放棄。但現在我只用自己的錢投資，就算虧損就算失敗，也可以憑著自己的意志戰鬥。現在，我過著專心追求自己的使命目標的日子。

雖然有人說我錢已經夠了，沒有必要工作吧？但我怎麼可能辭職？我經歷過的討厭的事、覺得惋惜的事多到像山一樣高，可是我還是如願地把投資股票變成我的工作，我真的覺得很幸運。辭去工作這件事，對我來說才是最痛苦的，因為這是我最熱愛的，且是為了達成任務必須做的事。

在工作上，我遇到可說是天命的工作，然後那變成了我的生存意義。當然現在還是會有很多討厭或不順利的事而感覺悲傷，但能把自己擅長且喜愛的事變成工作，過著可以追求使命的人生，讓我感覺非常幸福。我也很幸運身旁有支持我挑戰的家人，還有追隨著我步伐的孩子，我對這一切都非常心懷感恩。

第5章

把錢存起來，讓財富增加

29 只要開始存錢，錢就會成為金蛋

賺錢存錢，運用增值，財富增加後要再持續運用。前文我不斷提到這個循環很重要，在這一章，就是要談到如何才能存錢致富。首先，我們先從存錢開始聊。

我父親有幾個口頭禪，其中一個是前文提過的「錢其實很怕寂寞」；而另一個是「沒錢就什麼都做不成」。

幸好，我從小就很討厭浪費錢。因投資而增加的錢，不會用到別的事物上，而是再用來投資。努力不懈地存錢滾錢，不斷重複這個動作。當時並沒有特別想用那筆錢來做什麼事，而是為了當有一天想用錢時手邊可以有錢，事實上是抱持著這樣的心情在存錢。**當有一天要做某件事時，有越多的錢在手邊，就能實現越大的夢想。為了那一天，現在先努力存錢吧！**我當時是抱持著這樣的心情。而且當時也沒什麼具體的夢想，只是持續地存錢運用增加財富。

你覺得我一直持續做到什麼時候呢？

四十歲。一直到我四十歲辭去公務員獨立門戶為止，我都持續存錢，運用資金增加財富。然後在我四十歲成為基金管理人，朝著人生的下一階段前進時，這筆資金成了我的力量。

在這裡我稍微補充一下。第一章我提到「過度儲蓄」等於是停止金錢的循環流動。「儲蓄」和「過度儲蓄」的差異，我想你們都應該已經了解了。**「儲蓄」是有目的地存錢，存到某個金額就去買房子或創業等，有具體的使用方向。但另一方面，「過度儲蓄」則是沒有目的，單純只是把錢牢牢地抓在手上放著不動的狀態。**

當然包含存與不存的選擇在內，金錢的用途因人而異。比起存錢，有的人想把錢用在購買高級跑車、或蒐集名貴手錶為樂趣。只要是能讓自己獲得幸福感的用錢法，我都覺得可以。

只是根據我的經驗，只有錢才是會生錢的蛋，也就是金蛋。所以第一步要先存成為你的本金的錢。零不管時間經過多久，都還是零；但是**只要開始存錢，錢就會成為金蛋**，在你人生的重要局面發揮力量。不管你要過怎麼樣的人生，都先從存錢這一步開始吧！

30 把兩成的薪水存下來，當生錢的蛋

那麼具體來說，要怎樣才能存錢呢？在一開始曾提到過，長大成人後，為了每一天的生活開銷會有許多支出，要存錢並不那麼容易。尤其是剛出社會時薪水少，要租房子付房租，又要買上班穿的套裝等，比起進來的收入，出去的支出較多，要把錢存起來是件難事吧？

儘管如此，當生活穩定下來，我會把**賺到的錢七成當作生活費、一成用在興趣和樂趣上、二成存下來以備不時之需**。我認為這樣的比例分配是比較穩妥的，這兩

1
興趣
2
儲蓄
7
生活費
儲蓄

成就會成為「生錢的蛋」。反過來說，就是賺到的錢有七成用來過生活。

但要怎樣錢才能生錢呢？你把拿到的紅包放在抽屜裡，是絕對不會增加的。金錢要增加是有規則的，那就是「運用等於流動循環」，要把錢投入「金流」中。就如同山頂上的小溪流，在匯入大海前變成大河川般，金錢也是越流動會變得越多。

我想剛拿到錢時，大家通常都會先想到要把錢存進銀行。你可能已經有自己的戶頭，看明細的地方可以看到存款利息。雖然金額不多，但這就是錢生出來的錢。

銀行負責保管很多人的存款，再將這些錢貸款給需要的人。跟銀行貸款的人，需要支付利息給銀行。銀行跟貸款者收取利息，再將其中的一部分付給把錢存在銀行的人。就這樣存在銀行的錢，姑且可說在社會中流動。

不過，最近銀行的存款利息非常低，就算把錢存在銀行也不太會增加。日本銀行的平均利率大約是〇・〇〇一％。* 假設把一百萬元存在銀行一年，能領到的利

* 台灣銀行的活期存款利率是〇・〇八％。

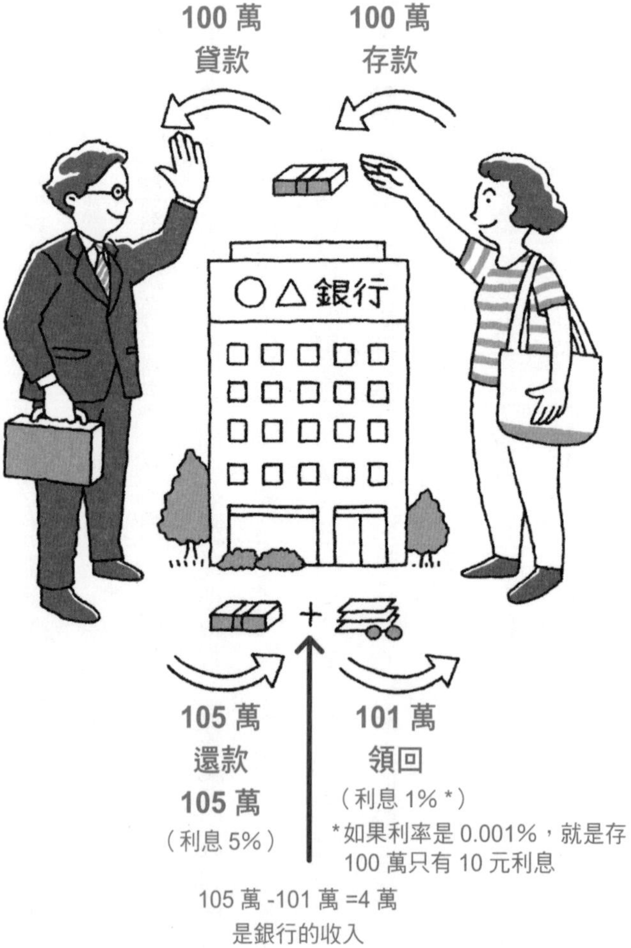
100 萬
貸款
100 萬
存款
○△銀行
105 萬
還款
105 萬
（利息 5%）
101 萬
領回
（利息 1% *）
*如果利率是 0.001%，就是存
100 萬只有 10 元利息
105 萬 -101 萬 =4 萬
是銀行的收入

息也不過只有十元。這種程度的話，無法稱為生「金蛋」。

另外還有一點希望你知道，**把錢存在銀行反而會減少**。這裡說的「減少」並非指實際的金額減少。在經濟成長的國家，今天手上的一百元，五年後不見得同樣具有一百元的價值。像這樣錢會貶值的現象，我們稱為「通貨膨脹」。

譬如說距今約五十年前的一九七〇年左右，當時一碗拉麵兩百五十元就可以吃到。可是現在想要吃一碗拉麵，最低都要花上五百元。為什麼價格漲了一倍呢？答案是這五十年之間，一元的價值貶值了一半的關係。五十年前用一百萬元可以買得到的物品，現在想要去買必須要付兩百萬元才買得到。

在這樣的背景下，如果五十年前在銀行存一百萬元，利率假設是〇・〇〇一％的話，現在會變成一百萬零五百元。

這裡是思考的重點，帳面上確實增加了五百元，但是一百萬元的價值本身卻減半了。把錢存在銀行，錢卻「減少」就是指這樣的狀況。

（50 年前）
（現在）
250 元 ⇨ 500 元

31 風險與報酬之間，有一定的規則

難得很努力地存錢，但就只是把錢存在銀行，不僅不會生金蛋，反而錢的價值還會貶值。這樣一來存錢沒有意義！我曾提到過，日本人從全球的角度來看，把自己大部分持有的錢都拿去存的人很多。另一方面，其他國家比起存錢，拿去「投資」的比例是比較高的。但一句話講「投資」，標的卻五花八門，可分成像是債券、不動產、或葡萄酒、玉米……虛擬貨幣現在也是投資的標的之一。

如果你認為「將來價值會增加，比起現在投入的錢，有一天會增值（這稱為報酬）」的話，那就應該要投資吧？

投資所獲得的報酬，一般而言是比存在銀行領的利息多。尤其是以長期的眼光來看，確實是如此。譬如說你投資某樣商品，即使發生通貨膨脹，那個商品的價格也會隨之上漲，徹底反映出那樣商品的價值。以剛才的例子來說，五十年前投資的一百萬，現在至少有兩百萬的價值。

那麼說到代表性的投資標的，股票又是如何呢？股票當然能反映與時代相符的價值，但以個股來看，價值（股價）會因為投資家如何看待公司的經營狀態、及未來的發展而定。如果某間公司努力發展事業長期都很順利，大幅提升獲利的話，那麼五十年前用一百萬買的股票，現在漲到兩千萬都有可能；但若公司中途破產，事業發展不順沒有獲利的話，變成十萬元甚至零元也都有可能。

或許你聽過「風險」這個詞。所謂風險，是指「危險性」，談到金錢時所用的「風險」，是指錢變少的危險性。沒錯，你想要獲得比銀行存款多的利潤而去投資，但投資一定有「風險」。你投進去的錢甚至有可能全部有去無回。

投資進去的錢變多的「報酬」，與投資進去的錢變少的「風險」之間，有一定的規則。

低報酬的商品，風險也低；高報酬的商品，風險也高。

所以在考慮如何增加財富時，不可忘記要將報酬與風險一併考量。

要去思考自己想增加多少獲利？為了達到獲利目標能負擔多少風險（萬一投資不順利時，承受得了多少損失）？因為想大幅增加獲利，就把現在手上的全都投入高風險的投資，雖然有可能一年後財富倍增，但變成零元的可能性也是很高。想要增加財富，必須要比較風險與報酬，做出適合自己的投資分配。

考量適合自己的投資分配，就算小額也沒關係，試著開始運用看看吧！開始投資，讓部分資產在社會中循環流動吧！雖然一定有風險，但不去運用財富就不會增加，金錢流動連帶經濟也會成長，社會可以向前邁進。**基本上，從你這裡出去的錢，會變成各種形式回到你的身邊，且變成更多回來。**

看到這裡大家的感想如何？沒錯，增加財富不是一件簡單的事。不管選擇哪種方法，一定有風險。你可能會想「沒有風險小又可快速增加財富的方法嗎？」但是世界上沒有那種東西。

有很多人希望我教他們「賺錢的祕訣」，也許有一天我會出一本這樣的書，但現在這個階段我能透露的只有：「**要增加財富無法抄近路，也沒有魔法。**」要我說幾遍都可以，首先要養成不管任何事都用自己的腦袋思考，以數字來理解事物的習慣。然後，培養我在下一節會跟大家介紹的、我個人實際投資時最重視的「期待值」的思考方式。我認為這一點在增加財富上，比什麼事都重要。

32　增加財富的祕訣：期待值思考法

過去我透過股票投資增加了資產，這樣的我投資股票時，最重視的是「期待值」的思考方式。

所謂的期待值，是指能賺錢的機率。譬如說買了一百元的股票，將來漲到三百元的機率有多少？相對地跌到五十元的機率又有多少？以自己的方式努力思考，推算出期待值來。

假設以一百元買的股票漲到三倍（三百元）的可能性是一〇%，跌到〇．五倍（五十元）的可能性是九〇%。這時期待值是：

三×一〇%＋〇．五×九〇%＝〇．七五。

期待值的基準是一，一是一百元維持在一百元的意思。

一百元維持在一百元的可能性是一〇〇%時，就是：

一×一〇〇%＋〇×〇%＝一。因此，超過一時，期待值是高的；低於一時，期待值則是低的。期待值越高，順利上漲時賺得也就越多。

那麼，用一百元買的股票漲到十倍（一百元）的可能性是一〇%，跌到〇．五倍（五十元）的可能性是九〇%的話，期待值又是如何呢？

一〇×一〇%＋〇．五×九〇%＝一．四五

因為結果大幅超過一，所以可以說期待值非常地高。

期待值，跟玩剪刀石頭布自己贏幾次的勝率是不一樣的。期待值是即使獲勝的可能性低，但在那低的可能性中獲勝的話，能獲得多大的報酬的數學。

100 元維持在 100 元的
機率是 100%時

1 × 1 = 1
（1 倍）（100%）　（基準值）

A

股票 100 元 → 股票 100 元 的機率 → 10%
股票 100 元 → 股票 50 元 的機率 → 90%

（3 × 0.1）＋（0.5 × 0.9）＝ **0.75**

B

股票 100 元 → 股票 1,000 元 的機率 → 10%
股票 100 元 → 股票 50 元 的機率 → 90%

（10 × 0.1）＋（0.5 × 0.9）＝ **1.45**

並且，期待值對於會漲到幾倍？還有用％來表示的「機率」，都必須要自己思考後填入，這是一個很大的重點。

此處，可以活用在第一章介紹過的「以數字來理解事物」。關於國家的重要經濟指標，如成長率、現在的GDP、人口、負債等當然不在話下，匯率、土地房屋的價格、國民平均所得等，也全部都要用數字來看。首先，要先把這些資訊塞入腦海裡。這麼多的數字用自己的方式在腦海裡整理思考後，就能從自己的角度看見那個國家在世界上的地位及今後的預測。把各種數字跟自己的經驗和感覺對照一下，如果是股票呢？如果是土地又是怎樣呢？都用各種期待值的公式算一算。這樣一來，你自己就會曉得該在哪個國家做怎麼樣的投資了。

等到該投資標的決定後，下一步就要著眼於更細項的數字。假設是股票的話，業界全體的規模及個體企業的業績、過去的變化、資產、負債、員工人數等，要把能拿到的各種數字都輸入自己的大腦。這樣去掌握該國在全球的地位、在該國內的事業狀況、及在該地的企業的狀況數字等，要從這些數字導出期待值。

期待值沒有正確答案，是大家根據自己的經驗和學習隨意導出來的，所以是否會如自己思考推算出的期待值般地發展，誰也不曉得。然而，能把盡量多的數字輸入大腦，做為數據累積的話，自己的經驗值就能增加，期待值的精準度也就能跟著提高。進而，去思考那樣的狀況及意外情況發生時該怎麼對應？即便是發展順利時，如何才能進一步提高期待值？思考這些並將之付諸實行，就能讓期待值不用調降，甚至可以更上一層樓。

可惜的是，「以數字來理解事物」的行動，不是今天想要做就能一蹴即成的。非常重要的是，必須從小就要練習親近數字，凡事以數字來思考，變得擅長數字。

33 有停損概念，讓你能斷尾求生

通常人們所期待的報酬多寡，會跟風險一起上上下下。

投資股票的風險，就是自己出的錢完全拿不回來，或者是大幅減少。期待值是二〇×一〇%＋〇×九〇%＝二時，一百萬變成兩千萬的機率也不過一〇%。然而，變成零元的可能性卻有九〇%。像這樣變成零元的可能性非常高時，大部分的投資家都會選擇「不投資」，但我不一樣。因為期待值大幅超過「一」，所以我選擇投資。並且，思考是否有可能把變成兩千萬的可能性變得更高。

新創投資正巧就是這種「變成零元的可能性很高，一旦成功，報酬也很豐碩」

的投資。像這種時候，我會盡全力利用自己的人脈及網絡，來幫助投資標的的公司，讓它的事業盡可能地順利發展。藉由這樣做，也能提升期待值。

在思考期待值時，還有一件事情希望你們知道，那就是「停損」的觀念。我看我周圍的人，認為**大多數會因為金錢而失敗的人，都是不擅於「停損」**。

停損跟「斷尾求生」是一樣的道理。蜥蜴在自己的尾巴被別的動物咬住、或被某個物品夾住動彈不得時，會弄斷自己的尾巴尾端逃走。這時蜥蜴雖然失去尾巴的尾端，卻能保住要緊的性命。

當情勢發展不對勁時，想著「之前投資的錢很可惜」、「事情可能還會有轉圜」等，拖拖拉拉下不定決心，只會造成損失擴大。從低點能夠快速反彈或上演大逆轉的，只有非常稀奇的情況。當你開始覺得情勢不對勁，通常情況只會往壞的方向持續惡化。既然如此，在損失還算少的時候，「這標的已經不行了！」果決地放棄。擁有放棄的勇氣，然後將精力與時間用在填補損失上，還比較具有生產性。

我以較易懂的「股票投資」為切入點，跟大家談了期待值的觀點。但這個「期待值」的觀點，幾乎可以應用在人生所有方面。我常跟自己的孩子說：「**凡事都要用期待值來思考。**」「期待值」與「幸福的標準」，是不一樣的想法。如果你是把錢用在自己覺得幸福的事情上的話，那不需要去在意期待值。可是，想把錢「妥善運用」、「想要增加財富」的話，「期待值」便是一個有用的觀點。

譬如說投保人壽保險時，你認為你使用到保險的可能性有多少？不買保險的風險能否用儲蓄來迴避？為了提高工作技能去進修，能獲得學費以上的回報的可能性有幾成？可能性能否再提高……像這樣只要是需要用到錢的各種情況，都請用「期待值」思考看看。

34 學巴菲特玩遊戲，提高商業策略

想要提高期待值，在第二章介紹過的猜餐費遊戲及紙牌遊戲的訓練，會有幫助。看對方的反應改變自己的戰略，想辦法不被對方看出自己的戰略，透過這些方法贏得遊戲，和導出期待值、提高期待值這件事很像。

譬如紙牌遊戲中的撲克牌遊戲，是微軟的比爾．蓋茲及身兼資產家和投資家的巴菲特都喜歡玩的遊戲。我自己本身平常幾乎不玩，但玩過之後，才發現遊戲的確濃縮了商業上必須的精華在其中，可培養判讀對方心理狀態的能力、看出對方是不是只會虛張聲勢（吹牛）的能力、判斷現在是不是該與人打賭的適當時機……。

其實我的長子非常擅長玩撲克牌，在學生比賽中曾贏得冠軍，他說要贏撲克最重要的是，要找出比自己「弱的玩家」（Fish）。這裡說的「弱的玩家」，是指不計算（或不會算）卡片遊戲的基本期待值，不會判斷自己該下桌的時機、反而在不該下桌時下桌的玩家。當沒有這樣的玩家在時，應該馬上下桌離開遊戲，等待這樣「弱」的玩家出現。相對地，當對戰對手很強，遊戲的期待值無法高於「一」時，不可放手與對手一搏勝負。此外，他說對戰對手是不是個重要關頭會下注的人，可以從對方的服裝、言行及表情等綜合性地考量，最後仰賴直覺判斷。

這個遊戲，無法用「不過是個遊戲」這樣輕巧的言語來帶過，玩家必須具備與商業共通的判斷力。

不限於撲克牌，在遊戲中潛藏了許多要素可以培養生存下去的力量。我家有四個小孩，他們從小就跟家人一起玩遊戲。在此我介紹幾個代表性的遊戲，可以讓大家更親近期待值，大家可以跟親朋好友一起玩玩看。

猜拳遊戲，判讀對手的行動模式和情緒變化

這是個雙人對戰遊戲，每局中每個玩家剪刀石頭布只能各出兩次。以機率而言，輸贏的可能性完全是對等的。譬如一勝一敗一平手的狀況，自己剩下兩次石頭和一次剪刀，對手剩下一次布和兩次剪刀時，自己接下來的三次能出的組合只有三種，對方也同樣只有三種，所以勝負的組合一共有九種。思考這九種組合時，即使現在是一勝一敗一平手，也就是勢均力敵的情況，但之後不論以何種順序來出剩下能出的手勢，自己都不會輸。因為，簡單地想，對自己來說平手和贏的機率是二比一，**只要能判讀對手的行動模式和情緒變化，就能提升期待值**。重要的是這些計算要瞬間在腦裡進行，一邊看對方出的手勢，一邊考慮自己接下來要出什麼。

這種情況，要贏得最後勝利，接下來的三次就必須都要獲勝。只要用自己的石

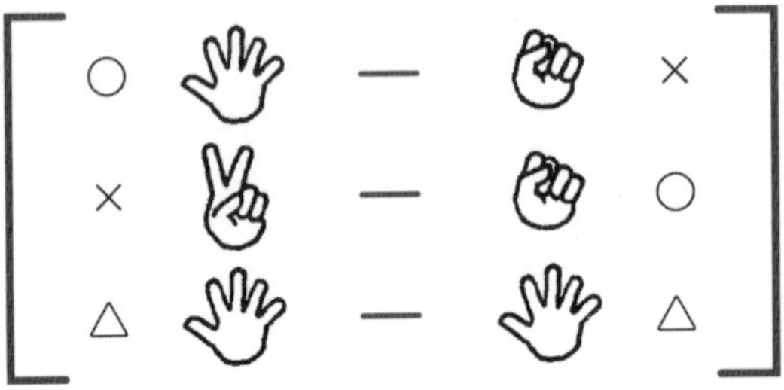

一勝一敗一平手

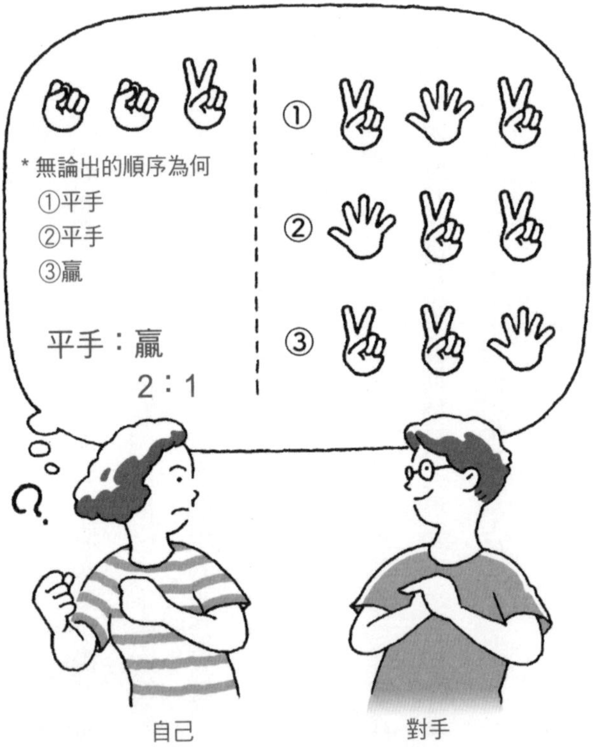

頭贏對方的剪刀兩次，用自己的剪刀贏對方的布一次的話，我方就能獲勝。這時要判斷出只能出一次的剪刀的時機，必須要看清對方進入防守態勢的時間點。

順道一提，我在一開始平手後，接著出同樣的手勢的情形非常頻繁。為什麼呢？因為我認為對手不會馬上使用只能用兩次的手勢中剩下的一次。這樣一來，對手會在我不會出同樣手勢的前提下，出不會輸的手勢，結果第二回合輸給我的情形就變多了。順便問大家，第一回合、第二回合連續出同樣的手勢平手的情形，贏的機率和輸的機率又是多少呢？事實上兩個機率都是零，只能平手。

猜拳遊戲如果單純只是遊戲的話，是非常簡單的，但透過這個遊戲，能了解到對手「掌握現狀的能力」、是屬於哪種時候願意冒險的類型。猜拳的時候，通常不會連續兩次出同樣的手勢，不過一旦遊戲玩熟了，可以在一開始故意連續出兩次同樣的手勢，採取顛覆對手預測的行動。以我小孩的例子來說，似乎長女和長男都不是願意在一開始就冒險的類型，次女是先觀察對方的動作再一決勝負的類型，十三歲的次男則是看情況應變的類型。他們小時候只是單純地對於輸贏的結果喜喜憂憂，等到年紀稍長，也開始學習我的性格，設計非常規的勝負規則積極地與我對戰。

三十一遊戲，看出一個人對數字的靈敏度

玩這個遊戲，可以馬上知道你對數字是強還是弱。規則非常地簡單，就是兩個人輪流說數字，說到三十一的人就輸了。一次要說幾個數字，你說的時候再決定即可。這個遊戲有必勝的法則，能否早點看出法則是重點。

譬如說，①規則是最少說一個、最多說三個時的必勝法，是要採取先攻，讓自己說的個數、和對方說的個數加起來一定要變成四個，這是勝負關鍵。

其次，②規則是最少說一個、最多說四個時的必勝法，則是要採取後攻，讓對

（最多說三個的情形）

			31
30	29	28	27
26	25	24	23
⋮	⋮	⋮	⋮
10	9	8	7
6	5	4	3
2	1		

30÷（3+1）= 有餘數
先攻必勝

（最多說四個的情形）

				31
30	29	28	27	26
25	24	23	22	21
⋮	⋮	⋮	⋮	⋮
10	9	8	7	6
5	4	3	2	1

30÷（4+1）= 沒有餘數
後攻必勝

方說的數字的個數、和自己說的數字的個數加起來變成五個的話，就一定可以獲勝。

重點是要讓自己贏，最後自己應說的數字是三十一減一等於三十，要怎麼做才能輪到自己說三十？為了要可以輪到自己說三十，必須要依著固定的數字的倍數前進，那個固定的數字，就是每一個人能說的數字的個數加一（稱這個數字為Ａ）。

反過來說，從三十逐漸減去Ａ，就會知道自己一定要說的數字。比方說不管對手說幾個數字，輪到自己的時候，為了讓遊戲停在基於倍數的數字，從Ａ減去對手說的個數，就是自己應該要說的個數。

例子①的情況，對手說一個數字，自己說三個；對手說三個數字，自己說一個，要確保每一回合說的數字的個數是固定的，而這個個數就是Ａ。於是我們可以知道在基於倍數的第一回合中，如果自己不是後攻的話，就無法藉由自己控制來確保 A 這個數字。

譬如從三十減去 A 也就是四，二十六、二十二、十八、十、六、二，最後的數字不是四的倍數，像這樣三十除以 A 有餘數時，自己可以成為遊戲的先攻，先說餘數的個數，如此一來剩下來的數字的個數就是 A 的倍數二十八個，讓對方先開始第一回合，自己再使每一回合的數字都成為四個，控制遊戲的進行讓自己可以輪到說三十。

這個遊戲雖然稱為三十一遊戲，但不管是十一、二十一或四十一，每一次最多可以說的數字是兩個還是五個，只要帶入剛剛解說的法則，一定可以獲勝。這個遊戲，我在和夥伴吃飯時也常玩，**能否趕快找出法則，可以看得出這個人對於數字的能力夠不夠靈敏**。

順便一提，過去我公司的員工中，十秒就看出法則的只有一兩人。這兩人果然不論是工作還是談話，都對數字非常強，十分擅長在各種場合找出不敗的法則。

找到這些法則，對於投資來說非常重要。股票市場、投資標的企業的市場、投資標的企業的對應方式、與投資相關的各種要素，能否找到法則，能否看出法則，是算出高準確度的期待值上不可或缺的要素。

排七，戰略性很高的遊戲

排七是撲克牌的遊戲之一，我想應該很多人都玩過。把所有的牌全發給玩家，把數字七的牌拿出來放在正中央，然後照著順序出牌排列，誰先把手上的牌出完誰就獲勝。

重點是每個玩家有三次休息的機會，可以不用出牌跳過。這個休息的機會，可以在真的沒牌的時候使用，也可以在明明有牌卻為了戰略而故意不出時使用。很多人一起玩的時候，巧妙地使用休息的機會，拿著關鍵的卡片，讓自己以外的玩家的休息次數用盡掉入陷阱是重要關鍵。

多人數的排七是戰略性高的遊戲，藉由眼神的動作、休息的時機點，看清誰握有自己希望出的牌，必須有時休息有時出牌，想辦法讓對方出自己想出的牌。我的話，會先看自己手上的牌，會先從自己不出也不太會影響到別的玩家的牌開始出。譬如，同樣圖案的六和八的組合等，基本戰略是把我不出會有較多的玩家受到影響的牌留在手邊。

首先在一開始的階段先休息幾次，判斷是誰故意不出哪張牌。同樣地，對手也是在觀察我和其他玩家的行動模式，推測我們手上的牌，因此進一步推測對手是怎樣猜自己手上的牌，思考如何能將計就計，停出手上的牌或出鬼牌……組合各種戰略以求獲勝。我想大部分的人平常可能都是輕鬆玩，事實上排七需要組織順序、紙牌、對手的反應，是一個戰略性很高的遊戲。

第6章

勇敢面對金錢的覺悟：當金錢變成凶器時

35 借錢容易，但還錢比想像辛苦

賺錢存錢，運用金錢增加財富，這是基本。然而在世界上，還有不存錢也能「借錢來用」的選項。在本書中，曾提到過到處充滿了「借錢」的機會。就因為太過普遍，所以我認為很多人沒有好好理解借錢是何等可怕的事。

特別最近成為問題的是，為了升學而背負的學生貸款。為了將來能找到想做的及條件好的工作，應該很多人想上專科、大學及研究所。或者，也有人還沒決定好要做什麼樣的工作，所以就想先上大學，邊讀書邊思考。把錢用來做為學費使用，我也認為是很有意義的一件事。如果有可以念書的機會，就應該去念書比較好。不過，不是世界上所有的人都能輕鬆付得起大學等的學費。

聽說現在每兩個大學生中，就有一個人為了學費等升學需要的資金而去借錢。借來的錢還不了，不僅連累家人親戚，還導致自己破產的案件，過去五年累計高達一萬五千件。

譬如日本最多學生利用的日本學生支援機構的貸款，分成有利息跟沒利息的兩種。即使是有利息的貸款，雖然利息壓得比銀行的學貸低，就有利息這一點來說是一樣的。並且，就算是沒利息的貸款，借的錢也還是要還。借錢很容易。只要手續辦一辦，每月就會有錢自動匯入，生活就能得到援助。然而，一進到還款階段，出社會後要從自己工作的收入中撥款還錢，遠比想像中來得辛苦。

36 還的錢會比借的錢多

借錢，借的時候很輕鬆。如果是從日本學生支援機構借錢的情況，每月會有兩萬到十二萬的錢匯入你的銀行帳戶。每月能借多少會依各種條件而定，假設每月八萬元，四年總共可借到三百八十四萬元。這些錢等將來就職後再還即可。在學期間不用煩惱錢的問題，可以專心在學問上，所以這是非常好的制度。事實上每年都有很多人利用這項制度，在大學或專科念書。

可是就如同前面講過的，借的錢是必須要還的。借了三百八十四萬的錢，就等於是說必須要還三百八十四萬或者是更多的錢，這就是比借錢時想像的要辛苦得多的事。

四年每月借八萬的學貸，假設開始工作後每月要還八萬，全部要還完也要四年的時間。聽說很多人因為每月很難還那麼多，所以將實際的還款額設定在兩萬或三萬，如此一來還款期間拉長，就變得要持續還上十年或二十年。如果有利息，要還的金額就會變得更多。還款延遲的話，還會發生延遲違約金，聽說有的案例最終要還的錢，比借的時候多非常多。

37 存在連帶責任的陷阱

實際上很多人因此而吃苦。不管怎樣就是還不了，每年有三千人以上因此而破產。而且不只自己破產，就連自己的父母也受牽連的例子也不少。辦理學貸時，父母會成為連帶保證人，當自己無法還款時，連帶保證人就必須要代替本人還款。

學貸是個很方便的制度沒錯，可是也有這樣的陷阱的存在。特意為了自己的將來使用學貸去念書，結果卻因為要還貸款而有可能把自己的未來、有時甚至是自己父母的生活也給毀了。希望大家知道現實可能是這樣的惡果。

辦個學貸就可以很輕鬆地拿到錢，那來去上個大學或專科好了！就是說你不可以抱持著這樣輕鬆的態度去利用制度。要借錢的話，要先想好自己因為借錢念書將來可以賺多少錢？如果對你沒有加分的效果的話，那就不該選擇學貸，而是應該要用別的方法來得到錢去念書，這樣去想比較好。或者，也可不升學直接就業，也有這樣的選項。可以打算先找工作賺錢，存了錢後再去上學。

最近，免還款的「獎學金」制度也變多了。跟較多人利用的貸款制度不同，要提出明確的想升學的理由及過去的成績，進到學校後也要維持一定以上水準的成績等，雖然有許多的條件，但在考慮升學時，連同獎學金制度一同考慮會比較好吧？

學
貸

38 與其背學貸升學，不如先存錢再進修

在國外有很多人先去工作，存到了學費後再去上大學或專科。以前在日本很少這樣的情形，可是今後這樣的選項會增加也說不定。

在第四章提到過，在終身雇用制的時代，只要能夠找到工作就能有穩定的收入，要還學貸也就不是那麼困難。可是，狀況逐漸在變化的現在，即便你上了大學也不見得能找到有穩定收入的工作。此外，就算找到工作，一旦中途離職，可預見你的還款就會出現問題。

另一方面，我們也可以說利用中途採用制度換工作的機會增加了。成為社會人

士做工作，自己存到錢後，再升學研究學問，再進入條件比較好的企業，這在外國是非常普遍的事情，在日本也變得容易了。

與其不知道要學什麼，莫名地跟大家一樣背學貸升學，不如自己存錢，若有進修的必要再重新回到學校，我認為這樣比較合乎道理。

39
借錢好比站上彈簧床

買房時借的錢——房貸也是同樣情形。「頭期款零元也買得起」、「用退休金就還得完」、「大家都在借，一定沒問題！」誤信這些聽起來好聽的話，訂了不可能實現的還款計畫，結果卻還不了而破產，只好將夢想的房子脫手的人變多了。

當然，我並非徹底否定借錢這件事，借錢是我們社會裡重要的經濟活動之一。

話雖如此，我還是不認為可以輕易地去借錢。

要我說幾次都可以，**借了錢是無論有什麼理由都要還的。**

關於借錢有正確的想法，我認為是通往善於理財的重要關鍵。

借錢就好比是站在彈簧床上一般，不用全靠自己的力量，就能飛到原本到不了的高處。當自己想要創業或購屋時，是非常有幫助的。然而，我希望大家能夠理解，飛得更高卻無法安全著地，所受的傷害就會異常地大，甚至連自己周遭重要的人的人生都會一起毀滅。

大部分借錢時，都無法保證絕對能還款。我希望你能先知道，借了可能還不了的錢的恐怖。首先，先用自己的腦袋思考。真的有必要嗎？還得了？還是還不了？不斷反覆地思考。不思考周全就貿然借錢，會犯下無可彌補的錯誤。

40 要有充分的理解再借錢

這麼討厭借錢的我，在人生中曾經借過三次大筆的錢。第一次是結婚後辦房貸的時候。

第二次是發生在我四十歲獨立門戶自己創立基金時。我最尊敬的經營者歐力士的創立人宮內義彥先生協助我，讓我在大樓的一間辦公室開始工作。宮內先生對我說：「為了展現對基金、對工作的決心，募得資金的最少一〇%要從自己的錢出。」雖然我從創設基金的那時起一直遵守著他的這個建議，但基金急速擴大，終於有一天大到了自己無法出一〇%的地步。那時我又再一次去到宮內先生的地方，以個人的名義跟歐力士公司借貸，然後對自己的基金出資。

那時我借了二十億日元，當時我所有的資產幾乎都拿去擔保，甚至還加入以歐力士為受益人的人壽保險。我加入了人壽保險，以後不管我發生任何事，歐力士都能獲得清償，確保了這一點後歐力士才肯把錢借給我。

所謂借錢，就是這回事。基本上，不管發生什麼事，都必須要把錢還給對方。這一點是絕對不可忘記的。

基金發展得很順遂，藉由加入人壽保險借的錢也順利償還。在這樣的狀況下，有了一個很大的機會。我有一個強烈的想法，想將日本股票市場改造成應有的樣子，當時出現在我面前的工作，正巧是一個可以改造日本的大型計畫。

為此我下定決心要借兩百億日元。雖然很討厭借錢，但為了達成任務，是為了人生只有一次的勝負必須要這麼做的關係，我下定了決心。結果，中間發生很多事情，在我還沒借錢之前勝負就已經結束了。不過，當我決定要為了拚輸贏而去借兩百億日元的巨款時，當時所感受到的是「如果失敗了，累計至今的成果不只會歸零，還會變成負的」，以及「說不定會給家人帶來很大的麻煩」這股說不上來的恐懼，我至今都還忘懷不了。

我要借錢時，對於該如何還錢、還不了時該怎麼辦的問題，反覆思考再三。然後，我不敢說有一〇〇%的自信，但我是有「總是還得了吧」的把握和自信，且想了如果還不了的話會怎樣？了解最差的情況後，有了覺悟才去借錢。對於借錢的額度與時期也慎重檢討。我再次申明，**我並不是說借錢是一件壞事。但是還不了錢時會發生什麼事，要充分的理解後再去借錢，要不然就等於是打開了通往地獄的門。**

41 從小跟錢相處，有很多覺悟時刻

跟金錢相處，有很多需要覺悟的時候。一個可以稱為我的原點的經驗，做為孩童時期的記憶深刻地記在我的腦海裡。

某一天的晚餐，當我們坐進和田金這間有名的肉食餐廳時，桌上放的牛排比以往都多，父親說：「今天想吃多少就可以吃多少！」當我正覺得奇怪時，父親又說：「今天或許是最後一次吃牛排了，接下來有場大勝負，所以今天要吃多少就吃多少！」

身為投資家的父親，賺或賠都是常有的事。他是個會把工作上的事情，用比較淺顯易懂的方式說給孩子聽的人，所以「今天用這種方式賺了這麼多」、「今天因為那樣所以賠了」……這樣的話題就像理所當然般地出現在餐桌上。這個牛排事件發生時，我才小學三年級，對於發生什麼事情並不是十分清楚，但是我很明白父親的樣子和平常不同。

然後，「可能再也吃不到最愛吃的牛排了」、「以後可能無法過跟現在一樣的生活了」以前不曾感受過的不安的感覺湧上我的心頭。

後來我才曉得，父親當時下定決心要投資製造「香港塑膠花」的事業。牛排事件後過了半年還是一年時，父親叫我去看他的工廠，我還搭機飛去香港參觀了父親的工廠。

這是距今五十年以前的事情，後來父親的投資成功了。位於大樓一整層樓的工廠裡，有數百人的女工在那工作，大家一起從事塑膠花的生產。不過，一進到工廠就能聞到一股讓人頭昏腦脹的刺鼻藥水味，害我身體感覺不舒服。

在這麼惡劣的環境裡，讓跟我差不多同年齡的孩子工作……我覺得父親好像在做壞事，所以我直接對他說：「這間工廠很奇怪，讓女孩子在這樣的環境工作，實在太可憐了！不能做這種事！」我記得當時想讓孩子看到自己成功投資的工廠而得意洋洋的父親，露出非常厭惡的神色不發一語。結果父親在大約半年後，就把那項事業給賣了。

雖然賣掉投資事業後，父親獲得了一些錢，但之後香港塑膠花掀起熱潮，如果父親長期持有該項事業的話，應該會發大財吧？後來父親常開著玩笑唸我：「因為你多嘴的關係，我虧大了！」

等到我再稍微大些，父親很頻繁的帶我去工作現場。為了勘查投資標的待在美國和墨西哥三個禮拜時，我也跟著一起去。當然有些工作無法讓小孩進入現場，可是看到父親工作的樣子，一起討論交換意見，回答我的一些疑問，藉此讓我對社會機制及金錢，從小就很自然地學得很有興趣。

第7章

讓財富源源不絕的用錢法

42 讓錢發揮真正的本事

如同前文一直提到的，我從小就把我的人生賭在增加財富上。成為投資家後，不只是我個人的財富，如何才能讓日本整體的財富增加？讓日本經濟變好，社會整體變得豐碩富足？一邊思考這些一邊進行投資。辭去基金管理人工作後的這十年左右，我更積極地將金錢投入在讓社會往好的方向發展的項目上。藉由社會貢獻活動、投資追求夢想的新創公司，做出讓社會裡的金流循環變好的貢獻。賺錢存錢，運用增值，財富增加後要持續運用。要讓這個循環永續不斷，光只是存錢增加財富，這樣沒有意義。要像剛才提到過的，如何為了讓社會變好而持續運用下去，才最為重要。

前不久，我看到一篇文章說，愛滋病或許在二〇三〇年前就可以根治。

愛滋病是由ＨＩＶ病毒所引起的疾病，在全球累計已超過數千萬人因此喪命。最近的調查顯示，每年有一百八十萬人會感染上愛滋病。

根據那篇文章表示，只要有七千五百億日元左右的資金，就可以將這可怕的疾病，從世界一掃而淨。

我看到這件事時，我的心臟撲通撲通地跳。

因為我開始想，雖然全額七千五百億是不可能的，但其中的一部分我或許可以出資？倘若我增加的財富，對於全球撲滅愛滋病的行動有幫助的話，沒有比這更讓人高興、更棒的事了。這才是錢能真正發揮本事的地方。

只要有錢就能解決的事，這樣的事還有很多。

世界上不僅有許多有困難的人，也有很多的問題。

由於彼此都有各自的工作與生活，我認為想要進到現場直接支援，提供自己的技術是有難度的。要從生活費中拿出錢去捐款，實際上也不是那麼簡單。不過，想想剛才提到的愛滋病的例子，因為全球人口現在有七十六億人，每個人各出一百日元，就能募得七百六十億日元。將少喝一杯果汁省下來的錢，交給具有專業知識技術的人，就有助於根絕威脅生命的疾病。你的一百元，可以改變世界。

每一個人的力量雖然小，但匯集起來將成為大力量。

金錢也是一樣的。將金錢用在這種用途上，也就是說匯集眾人之力，用來造福社會時，將可以發揮極大的力量而閃閃發光。

43 捐款的理由

世界上沒有存在一條規矩，規定錢非得怎樣用不可。

自己賺錢、自己存錢、自己努力增值的錢，可以照自己想法去使用。這本書想傳達的是，希望大家妥善運用金錢這項工具，去過幸福快樂的生活。教你應該如何去使用錢，不是我的本意。

我把我用錢的方式「順道」分享給大家，等你將來手上有很多財富時，可以把我的實際經歷，當作用錢方式的一個選項。

我自己本身年輕的時候，對於義工及捐款活動，幾乎沒有任何的興趣。

當義工要為了別人無償地提供自己的時間與技術，捐款活動則要把自己賺的錢奉獻給別人。

我年輕時，老實說對於這些行為「到底有什麼意義？」抱持著懷疑的態度。讓我一百八十度改變想法的是我的太太。在虔誠的基督教家庭長大的她，只要在街上看到拿著募款箱的人，就一定會捐款。把這麼重要的錢捐給別人，是一種浪費的行為，到底為什麼要這麼做？我一直無法理解。我們常常一起討論這件事。

有一天，在車站前有人從事募款活動，她照往常捐款後，我這麼說：

「這些人搞不好是騙人的。捐出去的錢，若真的對人有幫助倒也還好，但無法追蹤確認，這麼輕易就把錢給人，真的沒問題嗎？」

「有沒有問題，我是不知道。但世界上的確有人因沒錢而煩惱，能幫的忙我想盡量幫。」

她如此回答我。對她來說，捐款是十分自然的一件事。

說不定會被騙，卻還是把錢給人……這件事對我來說，完全無法理解。

我的習慣是當有無法理解的事時，就要追根究柢，所以我嘗試閱讀聖經等方法來理解。我知道了一種想法，說要把收入的十分之一還給社會。此外，我還得知了歐美社會有貴族義務（Noblesse Oblige）的觀念，認為財產、權利及社會地位處於優勢的人，有幫助弱者的義務。

儘管如此，我還是無法一〇〇%理解她的行為。

我並不是反對捐款這件事，而是對於在「不知道捐款是否有好好地用在捐款目的」的情況下捐款，仍舊覺得無法接受，一直覺得很不舒坦。對我來說，金錢是重要的工具，我連購物都不喜歡了，更何況連用在哪裡都不清楚，就這樣把錢給別人真的沒問題嗎？但長時間看著她的行動，我的想法也漸漸起了變化。

既然特地要捐款，我想要知道是怎麼樣的團體？還有錢是如何被使用的？我想了解究竟世界上有哪些問題存在？且為什麼那些人為了募款活動站在街上？一旦感到興趣就會徹底研究的我，透過在公家機關工作時認識的、從事社會貢獻活動的人，了解了日本社會貢獻活動的實際狀況。並且，知道了不管是乍看看起來很幸福的日本，還是離我很遠的地方，實際上都有很多的問題，需要各種方式的協助。

讓我最深感衝擊的是，最需要錢的地方，錢反而卻沒有循環流到這裡來的事實。這實在太詭異了！我不斷思考自己應該做什麼？最後我得到的結論是這裡也需要「金錢流動的機制」，創造出這樣的機制，是自己能做的貢獻。於是，我在二〇〇七年創立了非營利團體「慈善平台」。

「慈善平台」是一個透過大眾持續募款來援助團體。可能有人覺得奇怪，覺得我為何不直接對各個團體捐款就好。我後來也設立村上財團，直接對各個團體進行援助，但創立慈善平台時，我最重要的的想法是，即使我不在，活動也能持續下去，不要有人因為資金不足就無法推展活動，我希望他們把我的捐款當作「能滾出錢的錢」來使用。

44 配捐計畫讓捐款強度加倍

假設我捐給了保護小狗的愛狗團體一百萬，愛狗團體將我捐的一百萬拿來做為現在受保護的小狗們的預防注射及餐費使用，這筆錢大概四個月就用光了。我再捐一百萬，過四個月又用光了。但若我因為出狀況變得無法捐款的話，那該怎麼辦？這個團體，還有團體保護的小狗們，生計都會無法維持下去。這不僅是非常令人惋惜的事，也是最大的問題點。所以我希望我的一百萬，能用在「讓更多人認識這個團體」上。

捐款活動，要從「讓人們認識慈善團體」開始。可以在街上貼海報、架設網站、雇用很會宣傳的人……有各種方法。即使多一個人也好，從盡量多的人每月或每年，少量但持續性地募得資金，我希望他們能創造出這樣的機制。

或許你們都聽過「三支箭」的故事，同樣是一百萬，我一個人捐的一百萬，跟從兩百人募得的一百萬，強度不一樣吧？我一個人捐的一百萬，當我無法捐款時會瞬間消失，但從兩百人募得的一百萬，不會一下子就都不見。

我想要擔任廣泛且長遠的募款機制的建立人角色。我希望慈善團體能夠找到盡量多有愛心的人，可以永續活動下去。以車子來說，需要車子本身、開車的駕駛、汽油等，不齊全就無法往前進。社會貢獻也是一樣的，要有各種人用各種方式參與，「活動」才有實現可能。我認為「建立機制」，對支援日本非營利團體的活動來說，是非常重要的一件事，所以在這方面我希望多少能有所貢獻。

舉個具體的例子，二〇一八年七月，在日本各地降下了前所未見的大豪雨，我

1,000,000
1人

1,000,000
200人

人在廣島跟大西健丞開會，他是我在準備設立慈善平台時所認識的，也曾一起挑戰各種創舉的特定非營利活動法人「日本和平之風」（Peace Winds Japan）的代表。當時已經在下雨了，但等我回到東京後，雨勢變得更大了。我馬上跟大西先生聯繫，聽他說明災害規模預測，他表示初期動員可能需要數千萬日元，我馬上答應他會捐款，同時拜託他「盡早啟動現場的救災活動」。

我自己本身也立即返回廣島參加義工活動，但是考量到初期動員階段，非緊急救災專家跑到現場反而可能成為負擔，我改變了加入的時間。並且，思考如何能讓更多的人知道這件事來提供協助，村上財團馬上就緊急提供一百萬日元的救援物資，此外還決定實施「配捐計畫」。

所謂的「配捐計畫」，是指當某人對「和平之風」捐款時，村上集團也會同時捐贈相同金額的計畫。也就是說，慈善團體能收到兩倍的捐款。或許有人會認為，那村上財團直接捐款不就好了。但想到自己捐給慈善團體的一千元會變成兩千元，五千元會變成一萬元時，「想要捐款」的人應該會增加吧？

這項捐款計畫透過 Yahoo! JAPAN 的網路募款進行，並隨時分享捐款與救災的狀況。大約十天就從兩萬日元的捐款人募得兩千萬日元，加上財團配捐的一千萬日元，總共募得約三千萬日元用來救災。而且，這次大部分的捐款人都辦理了持續捐款的手續。

剛才我提到「三支箭」，我認為像這樣盡可能讓更多的人知道、幫助持續援助的資訊傳遞與溝通協調，對日本的非營利團體來說，比任何事都來得重要。

45 無法生出錢的時間也有意義

從金錢用途的話題稍微離題一下，在開始參與捐款的同時，我也開始從事義工活動。以前的我可能會覺得，一塊錢也得不到的事究竟有什麼意思？

的確，義工活動無法生出錢來。我以前覺得把花在那上面的時間，拿去賺錢讓錢變得更多，不是對社會更有幫助？因為我只要賺錢增加財富，都會繳稅給國家。讓國家用稅金去解決各種問題比較好吧？況且說到底，國家的經濟狀況不健全的話，捐款跟義工活動就像是把錢撒到沙漠裡去，無法從根本上解決問題。

不過，開始學習社會貢獻後，我的想法改變了。國家既無法解決所有的問題，也不能全部都靠國家，有自己能做的事吧？也有只有自己才能做的事。我開始認為支援這樣的活動，是達成「讓日本的金流循環變好」的任務不可或缺的要件。

這十年之間，我參與了各種義工活動，包含參加綠色小鳥（Green Bird）的撿垃圾活動，到東日本大地震受災地煮飯，做了一千片漢堡肉，還募集了幾十台卡車量的物資送到災區。如果是以前的我，不會把時間用在這種無法生出錢的事情上。可是實際參與活動後，某個人面對面跟你說「謝謝」，或是看著撿完垃圾變乾淨的街道，就覺得大家一起流汗的時間，對自己來說絕對不是在浪費時間。為了達成任務而展開的社會貢獻，老實說對自己來說，也是項具有更多意義的活動。與工作場合以外的人的相遇和彼此呼喚，感覺自己對某個人或許有所幫助的時間，都成為豐富人生的一部分。

46 錢最能散發光輝，是為眾人而用

在研究日本國內的社會貢獻及英美的案例時，我發現不管是自己喜愛的投資，還是社會貢獻活動，在「為了達成某項目所託付的金錢」這點來說是相同的。唯一的不同點，只有報酬是不是金錢這一點而已。

社會貢獻這項投資的目的，是要將這筆錢有效益地用來實現某些人未來更美好的生活。「幫助了他人」能這麼想的心情，就是報酬。雖然這是無形的，而且捐出去的錢也不會退回來，但溫暖的心情會充滿你的內在。

自從有這樣的感覺後，或許是自我滿足吧，我更進一步地參與更多援助計畫。

另一方面，只要提供援助，心靈就一定能變充實，不見得事事都是如此。老實說，有時也會感覺討厭或悲傷。很令人惋惜的是，團體中有人是為名利在該領域工作，也有人無法妥善使用金錢。甚至有連善款的大部分都沒有用在慈善活動上的案例，還有連善款要如何使用也不好好說明的案例。跟負責人表示希望他能說明一下，還被回：「每天活動忙得要死，沒時間說明！」

的確，大家在活動現場都很忙碌，對於沒時間這件事我並非無法理解。但如果連捐的錢到底用來幫助誰也不知道的話，要一直維持「想持續捐款」、「想捐更多」的動力是很難的。當援助慈善團體的人們沒有「幫助了他人」的實際感受，而停止捐款時，困擾的不是慈善團體，而是接受慈善團體幫助的人們。所以慈善團體為了這些需要幫助的人，必須重視與捐款人的溝通。如果無法花很多的時間在溝通上的話，也要跟捐款人講，獲得他們的諒解。想要獲得持續性的援助，最重要的就是信賴關係了。

當然有彼此能建立信賴關係、讓我願意長年援助的慈善團體存在。他們妥善運用金錢，讓我的理想具體成形，我由衷地感謝他們。每次我捐款，他們都跟我說：「謝謝」。但我覺得應該反過來，應該覺得感謝的反倒是捐款的我。因為他們代替我去現場工作，幫助有困難的人，努力解決世界上的問題。因為忙碌而無法去現場、或沒有派得上用場的技能，但仍想做出貢獻時，我們可以把金錢這項工具交給慈善團體。他們會將金錢這項工具，用最妥善的方式使用，讓捐款人的理想具體成形。所以該說感謝的，反倒是我。找到自己能由衷感謝的慈善團體，找到那樣的團體後，捐款會讓你的心靈更豐富充實吧！

我不是叫每個人全都要去捐款。首先，先整頓自己的生活、享受生活，存錢以備不時之需。這個比什麼都重要。可是，當你金錢有餘裕的時候，請為了眾人、為了社會去使用金錢。喜愛金錢的我在嘗試過各種用錢的方法後，我認為**金錢最能散**

發出光輝的時候，還是為了眾人而使用的時刻。

話雖如此，使用方法和價值觀都是因人而異的。最重要的是，用錢的方法要讓自己的心靈更為富足。這點比什麼都更為重要，卻是最為困難的事。所以在成為大人出社會之前，請努力思考、挑戰、累積各種經驗。對自己來說會感到幸福的用錢法到底是什麼？為了達到這個目標，要做怎麼樣的工作？過怎麼樣的生活？請不斷地追尋答案。這既沒有正確解答，也可以有各種答案存在。並且，答案也可以一直改變。儘管如此，還是請常常思考「對自己來說幸福是什麼？」在自己心裡好好維持一套無關金錢的標準，是不被錢愚弄、善於理財最大的祕訣。

結語
金錢教育，必須從小開始

書看到這裡，如果你們對於「金錢」的印象，是「有意思、感到快樂」或是「一想到就興奮不已」的話，我會覺得很開心。倘若還未到達那個程度，但已經比之前有興趣的話，以初步來說那樣已經很足夠了。

這本書是我每次回到日本到各地教授「理財課」，以授課中看到的日本孩子與「金錢」的關係為中心，將大家好奇想知道的事情、我想傳遞給大家的知識彙集而成。雖然在教授孩子們「金錢」相關知識的人是我，但實際上跟孩子們交流討論時，我自己本身也學到很多。大家如何與金錢相處？對什麼感到困惑？想要知道什麼？……每次去上課都有新發現，所以我覺得還有很多事想傳達，光透過這本書是不夠的。因此，再過幾年，我會把透過「理財課」新學到的事情，在這本書改版或出續集的時候，用這樣的形式再告訴給大家。

你現在一定想著「到底要怎樣才能增加財富呢？想要知道更具體的細節」吧？這本書最優先的目的，是希望你**好好了解「金錢」與它的流動循環，思考自己的生活和金錢的關係**。具體來說要如何增加？這是下一階段的問題。在那之前，請你務必來上一下「理財課」，或者閱讀這本書並以自己的方式思考，培養以數字來理解事物、以期待值來分析的習慣。

最後，我想要分享一下我今後的用錢方式。回顧我的人生，存錢、增加財富的時期很長。從小就是存錢魔人，之後很快就開始股票投資，出了社會以後，把薪水存起來持續投資股票和不動產。「開始漲的時候要買，開始跌的時候要賣」，謹遵父親教誨的我，經濟泡沫時也沒有遭受很大的虧損，順利地增加了財富。然後，把存的錢都拿去創立自己的基金。

經營基金，性質上是「儲蓄和增加財富」混在一起的工作。為了證明我有當基金管理人的覺悟和自信，我把我持有的錢幾乎都投入基金，所以基金的績效好，我的財富也會增加，但是增加的財富我也不太會拿來享受，而是反覆再投入基金等於運用資金。「儲蓄、增值、運用」這三者沒有明確的分際線，一直不斷地持續循環。

設立基金七年左右後，我決定結束基金。這時我的資產已經累積相當多了。因為結束了基金，所以「儲蓄、增值、運用」的循環就突然停頓了。我馬上開始社會貢獻的行動。而且逐步地，這一次是只用自己的錢，再開始投資不動產及股票。日本的長照事業、亞洲的不動產事業、飲食業、海外的國債、美國的新創企業等，找到自己有興趣且期待值高的標的，一路投資過來。其中也有很失敗的例子，但整體來看，資產還是很順利地持續增加。

我今年就要滿六十歲了，手上有很多因為投資而增加的財富。未來也跟過去一樣的方式來使用錢，這樣好嗎？沒有其他可以做的事嗎？自從開始教授孩子上「理財課」後，我自己本身也再度開始思考自身用「錢」的方式。聽孩子談話，就知道孩童幾乎沒有正面面對「錢」的機會。孩子不用每天想錢的事情，從某個角度來看是幸福的，可是我覺得**社會越是富足，孩子就越有必要從小積極認識「錢」，學習「錢」的相關知識**。

所以我決定了，我的錢要用在「創造孩子們正面面對錢的契機」上，家人也都贊成我這麼做。目前還在跟許多專家討論實際上到底能做什麼的階段，希望能藉由某種形式提供給孩子金錢，讓他們實際體驗一下投資，如果這能成真那就好了。不論孩子的投資是虧還是賺，這對他們的未來、及社會的未來，一定是一項非常有意義的體驗。

「更柔軟靈活、每一個人都享有安全網保障的、有元氣的社會」，我的願景目標依然沒有改變。我的使命現在依然是「讓社會的金流循環變好」。為了達成目標而選擇工作，就算形式不同依然持續投資。可是，我一個人再怎麼努力，也是有極限的。要改變社會，需要每一個人都改變想法才行。

長大後要再去改變已經養成的對金錢的感覺，是十分困難的。所以要趁著年紀還小，教他們正面面對金錢，讓他們體會「賺錢存錢，運用增值，財富增加了要再投入運用」的循環的重要性。提供這樣的機會，改變大家對金錢的感覺，藉此讓社會變得有元氣，我開始想要賭一賭這個可能性。把對這樣的未來的投資，當作我新的錢的使用方法。

「從小就要有投資的經驗」，我會這麼想是因為出社會後，要突然把自己的生活費的一部分拿去投資，是一件難度很高的事。與其這樣，不如讓他們在還不用擔心生活費時，使用即使失敗也不會困擾的錢，從容快樂地挑戰投資。在開始投資前，沒有必要已經充分學習過「理財」。因為透過實際的「投資」，能學到更多事。和虛擬投資不同，實際使用錢去投資的經驗，對你來說，能成為縮短你跟「金錢」距離的機會吧？這樣的經驗，一定會成為你的寶物。

倘若大家在存錢同時，也能將資產的一部分理所當然般拿去投資，日本社會若能變成這樣，一定會更加豐碩富足吧？為了這個目標，我想透過現在思考的計畫，將一百萬個孩子培養成投資家。十幾歲時就能正面面對「金錢」，習慣「運用」金錢後才出社會的人增加的話，社會也會變得不一樣吧？這一百萬個孩子沒必要將來全都變成投資家。不過，我必須要重複說明，當「投資」跟賺錢一樣變得理所當然，在社會中投資的人漸漸增加的話，我相信整體一定會變得更富足。

這裡說的「富足」，不限於金錢面的事。當金錢開始良好地在社會中循環，個人的生活方式的選項及實現夢想的機會也會大幅增加，社會的安全網也會更周全。

大家的心靈變得充滿活力，社會會變得比現在更讓人安心愜意地生活。

協助實現這個理想，是朝向達成使命，新增加的一份工作。如果這本書對於實現有元氣且柔軟靈活的社會，多少有所幫助的話，我深感榮幸。

翻轉學　翻轉學系列 014

跟錢做朋友

向日本股神學習影響一生的致富觀，打通金錢通道的理財課
いま君に伝えたいお金の話

作　　者　村上世彰
繪　　者　山下航
譯　　者　楊孟芳
總 編 輯　何玉美
主　　編　林俊安
封面設計　FE 工作室
內文排版　黃雅芬

出版發行　采實文化事業股份有限公司
行銷企劃　陳佩宜・黃于庭・馮羿勳・蔡雨庭
業務發行　張世明・林踏欣・林坤蓉・王貞玉
國際版權　王俐雯・林冠妤
印務採購　曾玉霞
會計行政　王雅蕙・李韶婉
法律顧問　第一國際法律事務所　余淑杏律師
電子信箱　acme@acmebook.com.tw
采實官網　www.acmebook.com.tw
采實臉書　www.facebook.com/acmebook01

I S B N　978-986-507-011-3
定　　價　320 元
初版一刷　2019 年 6 月
劃撥帳號　50148859
劃撥戶名　采實文化事業股份有限公司
104 台北市中山區南京東路二段 95 號 9 樓
電話：(02)2511-9798　傳真：(02)2571-3298

國家圖書館出版品預行編目資料

跟錢做朋友：向日本股神學習影響一生的致富觀，打通金錢通道的理財課 / 村上世彰著；楊孟芳譯 . – 台北市：采實文化，2019.06
216 面；14.8×21 公分 . --（翻轉學系列；14）
譯自：いま君に伝えたいお金の話
ISBN 978-986-507-011-3（平裝）
1. 理財 2. 投資
563　108006117

翻轉學

翻轉學